EDITORA DO CONHECIMENTO

Auxiliando a humanidade a encontrar a Verdade

# 2036
## Uma jornada após a Data Limite

**2036**

**Uma jornada além da Data Limite**

Dalmo Duque

Todos os direitos desta edição reservados à
CONHECIMENTO EDITORIAL LTDA.
Rua Prof. Paulo Chaves, 276 – Vila Teixeira Marques
CEP 13480-970 — Limeira — SP
Fone/Fax: 19 3451-5440
*www.edconhecimento.com.br*
*vendas@edconhecimento.com.br*



Revisão: Mariléa de Castro
Projeto gráfico: Sérgio Carvalho
Ilustração da capa: Banco de imagens

ISBN 978-65-5727-021-9
2ª Edição – 2020

• Impresso no Brasil • Presita en Brazilo

Produzido no departamento gráfico da
Conhecimento Editorial Ltda
*grafica@edconhecimento.com.br*

Dados Internacionais de Catalogação na Publicação (CIP)
Angélica Ilacqua CRB-8/7057

Santos, Dalmo Duque
2036: Uma jornada após a Data Limite / Dalmo Duque dos Santos — Limeira, SP : 2ª edição, Editora do Conhecimento, 2020.
190 p.

ISBN 978-65-5727-021-9

1. Ficção espírita 2.Profecia - Ficção I. Título

18-312 CDD – 133.93

Índices para catálogo sistemático:
1. Ficção espírita 133.93

Dalmo Duque

# 2036
# Uma jornada após a Data Limite

(Ficção Profética)

# Sumário

# Prólogo

Após 2036, com uma grande guerra ocorrida no Oriente Médio e parte da Ásia, acontecem graves mudanças no planeta causadas, também, pelo cataclismo e alterações climáticas nas regiões polares e no Hemisfério Norte.

Mais da metade da população da Terra sucumbe a esses eventos e a maioria desencarnada é atraída pelo Planeta Intruso e higienizador que se aproximou da Terra.

Os sobreviventes dessas tragédias passam a ser um grande contingente de nômades que buscam ocupar os espaços não atingidos pelas catástrofes. Um enorme deslocamento humano ocorre em direção aos trópicos, ocupando a América do Sul, a África e a Oceania, provocando uma nova redistribuição territorial e o convívio de culturas.

Esta é a história da fuga de alguns brasileiros que habitavam o litoral e da sua jornada em direção às novas fronteiras do Brasil. No caminho, eles descobrem que não estão sozinhos e que podem, juntamente com seus novos parceiros, se tornar a base e o futuro de uma nova civilização.

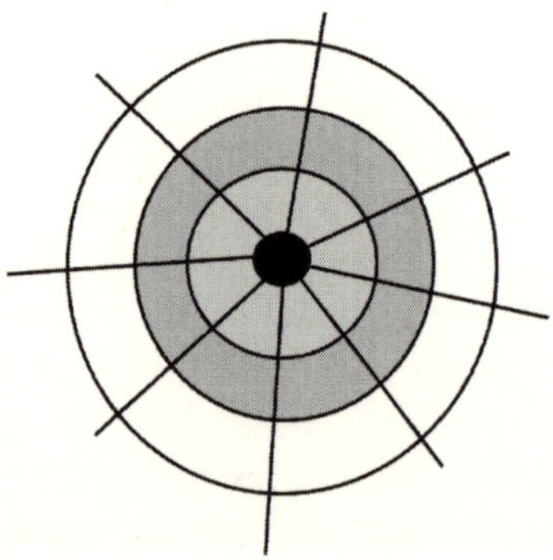

# 1 Cataclismo

Éramos um compacto grupo de doze pessoas.

Nos reunimos, em dois diferentes momentos, por força dos desastres que mudariam completamente as nossas vidas e de milhões de pessoas em todo o mundo.

Trazemos profundas marcas em nossos corpos, de todas as coisas horríveis pelas quais passamos naqueles primeiros dias tenebrosos nos quais todos ficamos completamente perdidos e também perdemos praticamente tudo que nos mantinha com os pés no chão. São cicatrizes que nos lembram que ficamos sem nenhuma perspectiva ou luz que pudesse dar um rumo a nossas vidas.

Nossos rostos ainda estão transfigurados pelas tormentas que se sucederam violentamente, sem que pudéssemos nos defender e traçar planos. Não nos sentimos mais tranquilos e assim vamos permanecer, cremos, por longos anos, até que as coisas voltem ao normal, se é que um dia irão voltar.

Só tivemos tempo de salvar nossos corpos e fugir em busca de um lugar mais seguro, para aplacar o medo e a incerteza assustadora que tomou conta das nossas almas. Sabemos que não há lugares seguros, mas a busca nos dá essa impressão de conquista e uma pequena esperança.

Nem o céu nem o horizonte enviam sinais. Isso é terrível para quem se habituou a levantar com a aurora, se recolher no crepúsculo e se deitar sob as estrelas. A natureza não é a mesma e tudo nela parece confuso e desordenado. Nossa grande árvore protetora foi subitamente atingida por forças incontroláveis e ao tombar espalhou todos os nossos ninhos, nos deixando dispersos e confusos, completamente sem rumo.

Aliás, onde foram parar os pardais, as pombas, rolinhas, andorinhas, maritacas e todas aquelas aves que conviviam com a gente e circulavam livremente no ar das cidades e dos campos? Sumiram e não deram mais sinal de vida. Parece que a vida selvagem se recolheu ou simplesmente foi extinta, tal o silêncio que domina o céu, as matas e os mares.

A claridade do dia e a escuridão da noite não trocam mais de lugar nas suas horas. Não anoitece nem amanhece como antes. Isso é pavoroso para todos que precisam entender o que pode ser feito para continuarmos vivos.

Estamos perplexos e sem nenhuma condição de olhar para trás e de ter lembranças suaves e alegres de quem éramos e de como vivíamos antes de tudo isso acontecer.

Temos medo de orar porque a oração desperta as nossas culpas e remorsos. Vem a vontade do chorar e as lágrimas enchem nossos corações de esperanças, que agora julgamos serem vãs e mentirosas. Como é horrível desconfiar de tudo!

Estamos todos sem fé nesse deserto completamente diferente de todos os desertos que conhecemos. Porém, quase todos sabem que acabamos de atravessar o nosso Mar Vermelho e que certamente teremos pela frente os nossos quarenta anos de incerteza e duras provações.

Nenhum de nós tem ideia exata do que estamos fazendo, para onde estamos indo e realmente o que pretendemos. É muito doloroso caminhar sem rumo e sem saber realmente por quê estamos caminhando.

A incerteza é torturante para nós que nascemos e vivemos naquele século de fábricas e de horas controladas, mas eram coisas que tinham começo, meio e fim.

Os mais novos pouco sofrem com essas angústias da suspensão do tempo. Sofrem quando percebem que estamos sofrendo. Para eles tudo é novidade e aventura. Eles são os únicos que sorriem com frequência e espontaneamente. Seguem os nossos passos em busca de um horizonte novo, mas não sabem que, na verdade, nós é que os seguimos. Nem sequer desconfiam que depositamos neles toda a nossa esperança de sobrevivência.

Depois de milênios fugindo do caos natural, buscando a ordem e construindo sociedades sedentárias, voltamos a ser nômades. Somos todos andarilhos, porque não existem mais lugares seguros e definitivos, não há mais endereços nem número de identificação de lugares e pessoas, como nos tempos primitivos.

Não é somente nós que nos deslocamos para o Norte, para fugir da destruição ocorrida no litoral e das ocupações estrangeiras em vários pontos do país. Esse Norte não é somente o ponto geográfico aonde ainda não fomos, mas a direção do desconhecido.

Tudo está muito mudado nas cidades que restaram e também no que sobrou nos antigos campos agrícolas e de criação de gado. Não existe mais aquele Brasil que conhecemos no final do século passado e nessa terceira década do novo milênio. Se ainda existirem indígenas puros eles certamente estão mais felizes do que nós, porque eles são a natureza e estão protegidos de si mesmos.

Só agora entendemos com mais clareza o que aconteceu ao vermos o desmonte político do Estado e a desarticulação dos governos, não só do Brasil, mas também nos países vizinhos.

Parece que tudo foi acontecendo de forma orquestrada e conspiratória, se aproveitando da nossa inércia política e do natural fascínio que temos pelas coisas estrangeiras. Inúmeros brasileiros que trabalhavam no serviço diplomático no exterior começam a voltar ao país, porém se mantiveram ocupados em atividades de colaboração com esses movimentos estrangeiros que foram ocupando todas as nossas regiões e também do continente. Como isso foi acontecendo?

As economias foram atingidas artificialmente, de tal forma que nada podia ser previsto e organizado a curto prazo. Todas as atividades formais foram atingidas pela paralisia e pelos impasses decisórios. Uma moeda virtual, com intensa promessa de lucros rápido e seguros, difundiu-se pela internet e provocou um colapso no sistema financeiro

Nada recuava e também nada avançava.

A vida informal foi aos poucos substituindo os órgãos públicos e empresas estabelecidas.

As escolas e universidades, públicas e particulares, por mudanças e influências tecnológicas, foram se esvaziando gradualmente e trocadas pelos polos de ensino alternativo.

Talvez a ideia dos governantes seria conter um colapso, uma mudança brusca, para que as ocupações estrangeiras ocorressem sem estranhamentos e traumas.

Os compromissos antigos foram cessando e as responsabilidades aos poucos silenciadas, provocando uma sensação de medo e também de expectativa na população.

Ainda hoje é assim. Ninguém sabe exatamente o que está acontecendo, mas também quase ninguém questiona a fundo, pois é preciso estabelecer um mínimo de estabilidade para tocar a vida e o andamento das coisas.

Muitos têm a nítida sensação de que algo muito estranho vem acontecendo e se atribui isso às primeiras crises registradas no início do século. Milhões de pessoas foram sendo gradualmente tomadas por males físicos e psicológicos.

Obesidade, diabetes, uso de substâncias de emagrecimento e fortalecimento artificial ósseo-muscular; o aumento dos estabelecimentos farmacêuticos e academias de exercícios; e uma verdadeira epidemia mundial de ansiedade, síndrome de pânico e depressão.

O número de suicídios e homicídios entrou em uma escala mundial crescente nunca antes registrada nos dados estatísticos. A busca por grupos de auto-ajuda e adesão a organizações filosóficas e religiosas também cresceu de forma impressionante, exigindo que elas triplicassem seus serviços e formas de atendimento.

A oferta e o consumo de drogas lícitas e ilícitas chegaram a níveis altíssimos. Tudo, é óbvio, atribuído socialmente às mudanças de hábito – e ao mercado de capitais e de trabalho-, porém com alta coincidência e estranha sincronia com fatores e mudanças geopolíticas.

A intensa vigilância e repressão se impôs às atividades criminosas, sobretudo nos núcleos residenciais ainda resistentes. Os armamentos tornaram-se escassos e intensamente denunciados.

Os meios de comunicação ficaram cada vez mais imprecisos e confusos. Os noticiários diminuíram seus conteúdos de atualidades e se voltaram para os serviços de informações de sobrevivência. A internet começou a oscilar, sumindo e reaparecendo. No início surgiu uma grande diversidade de aparelhos celulares e computadores. Aos poucos foram desaparecendo e a comunicação foi ficando restrita e primitiva. Volta e meia surgiam alternativas de nuvens e redes, mas logo desapareciam. Até as bússolas ficaram confusas durante algum tempo, sendo impossível saber por elas onde estavam os pontos cardeais.

No lugar dos supermercados, grandes lojas de departamentos e hospitais, existem hoje postos de abastecimento e distribuição de alimentos, roupas, agasalhos, medicamentos e gêneros de primeira necessidade. No início pediam documentos de identificação para cadastro, porém, algum tempo depois, a distribuição passou a ser feita indiscriminadamente, sem horário definido.

Não há filas, pois existe grande quantidade de estoques disponíveis, sempre acompanhados de manuais de instruções de consumo e também de conduta e proteção. Nesses manuais de conduta não tem explicações do que está acontecendo, mas há instruções de como agir em diversas situações de perigo e como organizar grupos de convívio, defesa e deslocamento seguro.

Para evitar confrontos entre autoridades e criminosos, ocorrem as práticas comunitárias. Elas são simples e hostis às lideranças verticais e ocultas. E incrível e não conseguimos aceitar que, depois de tudo o que vem acontecendo ainda haja pessoas agindo com egoísmo e querendo ter benefícios exclusivos. Querem agir com força e esperteza sobre os demais, realçando uma extrema necessidade de se preservarem. Mas uma grande maioria reage e enfrenta essas situações com coragem e espírito coletivo. O medo, que antes era uma ordem e havia causado a desarticulação social, agora vai sendo canalizando contra a opressão, qualquer que seja.

Os manuais também indicam, com mapeamento detalhado, algumas sugestões de busca de lugares mais seguros, rotas e pousos de descanso, bem como possíveis destinos e locais para acolhimento e estabelecimento dos grupos em deslocamento. São muitas opções, sempre na direção Norte e próximas das serras e montanhas do sudeste e planalto central.

Tem algo de errado e muito grave acontecendo, mas ninguém questiona a fundo. Estamos tentando entender aos poucos, mesmo porque temos medo de perder o controle e enlouquecer, se soubermos que há uma verdade que não conseguiremos suportar. Oscilamos constantemente entre a razão e momentos de desespero. Por isso os manuais recomendam que nunca fiquemos sozinhos e isolados, por mais difícil que sejam as condições de vida e de relacionamento. "A solidão e o isolamento sempre nos enfraquecem e impedem que lembremos nossas melhores experiências", dizem os manuais.

Uma multidão de estrangeiros circula pelo país sem que ninguém saiba o que realmente estão fazendo, se são funcionários de empresas multinacionais ou de missões diplomáticas. Isso nos deixa perplexos e curiosos, mas também inseguros. Já havíamos perdido as nossas casas, famílias e também não temos a nossa nação. Que mundo estranho é esse?

Ninguém desconfiava desse movimento estranho até que começaram a circular grandes contingentes militares, sempre acompanhados e orientados por oficiais brasileiros das nossas forças armadas. Não parecem inimigos e sim aliados por algum tipo de acordo ou solidariedade.

Às vezes temos a impressão de que toda essa movimentação tenha sido causada por uma epidemia oculta, talvez batalhas químicas e bacteriológicas, que não foram divulgadas, para evitar situações de pânico.

Os portos, estradas e aeroportos estão completamente isolados e controlados pelo "governo" e seus novos aliados. Vê-se, de longe, muita movimentação nesses locais de trânsito, mas não permitem a presença de pessoas e veículos não autorizados.

O litoral está todo inundado e praticamente desabitado. Como em todos os lugares do mundo, centenas de milhares de pessoas morreram. Uma onda sucessiva de furacões castigou essas regiões durante anos e paralisou todas as atividades econômicas conhecidas na costa brasileira e também nos países vizinhos. A paisagem só não é mais desoladora porque quase tudo foi encoberto pelas águas, inicialmente muito agitadas e que depois foram se acalmando até permanecerem numa mansidão também assustadora.

Os cientistas já vinham alertando que os furacões dependem da energia dos oceanos e, por isso, a gravidade desses fenômenos aumentaria com o aquecimento global. Falavam também sobre o aumento da incidência dos ciclones, que gerariam ondas e marés de tempestade. Combinadas, colocariam em alto risco as populações e construções costeiras.

Um verdadeiro êxodo vem acontecendo em todas as cidades, empurrando para os planaltos e para o interior os habitantes do litoral e também das grandes cidades litorâneas. Só permaneceram à beira mar as instalações militares, em grandes bases navais construídas em conjunto e compartilhadas com diversos países.

É mais um enigma para ser decifrado.

Quem governa o Brasil agora e o que está acontecendo com os governos em outros lugares do mundo?

Há notícias e fotografias de lugares completamente tomados pelo gelo no hemisfério norte. Cidades inteiras, as mais antigas e conhecidas inclusive, desapareceram debaixo de tempestades de neve e assim permanecem há anos.

Tudo indica que já havia planos de fuga e sobrevivência organizados em conjunto entre nações amigas. Os recursos e equipamentos mecânicos e eletrônicos que vemos eventualmente em uso hoje são completamente desconhecidos do público. Alguns são de causar forte impressão pelo tamanho e proporções nunca vistas. Surgem e desaparecem no mar, nas matas e no céu de forma surpreendente. Tudo indica que são de outros planetas e controlados por alienígenas.

Todos achavam que a China teria sido, como se esperava, o pivô e a causa oculta desses conflitos recentes, porém estamos surpresos com ações deles, completamente fora dos padrões esperados. As relações da China com os tradicionais países líderes hoje são amistosas. Os chineses se articulam com vários países de tecnologia avançada para implementar ações diplomáticas de parceria e ocupações pacíficas nos territórios não afetados pelos fenômenos telúricos. O número deles e de outros estrangeiros, antes raros no Brasil, triplicou.

Os demais países também optaram pelas mesmas práticas e disputam gentilezas e ações renovadoras com os chineses. Os estabelecimentos e empresas não são mais apenas simples ações de imigração e sobrevivência. Vieram com as universidades, empresas transnacionais e inúmeros profissionais de serviços, geralmente de especialização científica. Poucos brasileiros e sul-americanos nativos estão integrados nessas ações estrangeiras. Os poucos que estão geralmente são cientistas e tecnólogos que já tinham laços e contatos anteriores com eles.

Mas todos, sem exceção, não se manifestavam, nem contra nem a favor. Parecem ser apátridas e pessoas de alta confiança dos estrangeiros, pois convivem com eles e falam fluentemente o inglês.

Por toda parte formam-se grupos de sobrevivência próximo aos centros de orientação e aprendizagem, grandes acampamentos com instalações de tecnologia avançada e pessoal bem treinado para acolhimento e instrução. Não se sabe quem montou e quem controla esses centros. São construções pré-fabricadas, erguidas rapidamente, com instalações complexas, todas de atendimento. Manuais, equipamentos e gêneros básicos são disponibilizados nesses núcleos; e também é ofertada formação prática para os novos grupos de convívio.

Recomenda-se, depois de formados, que os grupos em deslocamento fiquem sempre distantes uns dos outros, para garantir a continuidade dos núcleos. É uma nova lógica difícil de entender e compreender. Não há explicação explicita sobre isso. Tudo parece ser transparente, mas a política tem jeito de conspiração e segredo ideológico.

Existe ao mesmo tempo entusiasmo e também uma certa desconfiança em todos os lugares. Tudo é muito novo e pode causar sempre uma surpresa.

Nas práticas culturais não há nenhum tipo de repressão. Entretanto, lembra-se exaustivamente que existe o risco permanente de infiltração de radicais e recuos para abuso de lideranças e hábitos dogmáticos e discriminatórios. A igualdade é um valor muito recomendado e seu maior inimigo é a ideia de exclusividade nos costumes e hábitos.

"Se quiser ser exclusivo, seja consigo mesmo, mesmo entre seus pares mais próximos e que também têm o direito à liberdade e exclusividade pessoal", recomenda uma norma de conduta do manual.

Nosso grupo foi formado seguindo algumas regras de afinidade, de características e compatibilidade de interesses. Cada um de nós foi se aproximando dos centros de orientação para pedir ajuda e logos fomos atendidos e identificados por nossas origens, características e algumas preferências. Estas são, na verdade, escolhas permitidas e que não causam nenhum tipo de discriminação, constrangimento e isolamento. Todas as reivindicações e reclamações, salvo raríssimas exceções, são estudadas, atendidas ou recusadas abertamente.

As atividades genéricas em grandes grupos logo são modificadas por eventos personalizados, menores e específicos. É um mecanismo educativo comunitário de grande e intensa movimentação interna, sem concentração e com repetitivas e persistentes atividades de colaboração, despojamento e desprendimento.

Os vínculos culturais, por meio de trocas e cultivo mútuo e plural, vão se endurecendo e concentrando individualmente; e ao mesmo tempo se afrouxando e dispersando coletivamente.

Os grupos vão ficando compactos e coesos por iniciativa própria. Foi assim que formamos o nosso. Nada escrito e tudo acordado. Nenhuma mudança seria autorizada, com exceção do risco coletivo de vida, antes que chegássemos ao destino traçado. Lá chegando, tudo seria revisado e estabelecida uma outra célula e etapa de organização e convívio.

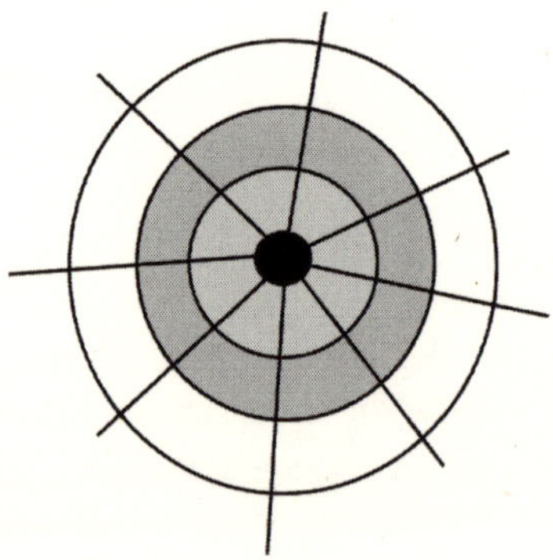

# 2 Fuga

Muito antes dessa formação mais completa, o nosso grupo era composto apenas de algumas pessoas, que se encontraram quase que por acaso durante a primeira fuga. Oito pessoas, para ser mais exato: eu, que trabalhava como educador, o mais jovem entre os homens adultos e a minha filha Nadja, adolescente; o meu antigo vizinho, Terêncio, com sua esposa Lívia, e duas filhas jovens, também já adultas -Víbia e Perpétua- e mais uma colega delas – Cássia – quase da mesma idade; um outro vizinho nosso, um pouco mais maduro do que nós – Gerald Lemman – e que morava sozinho em nosso condomínio.

Terêncio era comerciante aduaneiro, dono de uma pequena empresa de importação e exportação. A mulher e uma das filhas eram dentistas. A outra filha era advogada. A colega Cássia também era advogada e sócia de Víbia num escritório. Perpétua trabalhava na capital como designer e artista plástica.

Gerald Lemman é um erudito e sempre conversávamos sobre diversos assuntos, principalmente sobre ocultismo. É de origem judaica e veio para o Brasil com os pais durante o período que antecedeu a guerra entre Israel e o Irã. É engenheiro mecatrônico e trabalhava em uma grande empresa russa de energia que havia se instalado na região Nordeste e também em algumas cidades do litoral de São Paulo. Falava vários idiomas e tinha uma visão muito diferente e curiosa sobre tecnologias avançadas e também sobre temas místicos. Nos conhecemos quando me viu lendo uma obra espiritualista e quis saber o motivo do meu interesse. Meus motivos eram poucos e simplórios. Já os dele eram, para mim, indecifráveis, tal a profundidade dos seus conhecimentos.

Estávamos refugiados no Vale Verde, ao pé da serra, sob os escombros de viadutos de concreto de uma das antigas rodovias que ligavam o litoral ao planalto. Eram muitos e alguns deles estavam submergidos pelas águas.

Ali permanecemos por alguns dias, sob intenso pavor, nos perguntado como conseguimos chegar ali quando milhares de pessoas sucumbiram durante a fuga. O pânico havia tomado conta da população e todos só pensavam em subir a serra às pressas, pois águas foram tomando conta das ilhas e dificultando os acessos em direção ao continente.

Isso provavelmente tinha acontecido em quase todas as cidades costeiras abaixo da linha do Equador. As capitais litorâneas desapareceram sob as águas. Na região Sul, soubemos que a devastação no litoral foi mais intensa, por causa de sucessivos vendavais. No interior da maioria dos estados os tornados foram se repetindo, violentos e destruidores, como nunca tinha sido visto em nosso país.

Em nossa região os ventos não foram tão fortes, mas o aguaceiro das marés foi intenso e devastador, formando uma corrente violenta em torno das ilhas. Todas as pontes que as ligavam ao continente foram destruídas e submersas. Os morros ficaram abarrotados de gente, tão cheios que os carros eram precipitados nas águas para liberar espaço para centenas de abrigos improvisados.

Havia muita gente sobre os edifícios mais altos, sobretudo os mais novos, pois a maioria dos antigos não resistiu à força dos tremores, das ondas e dos ventos.

A quantidade de corpos humanos afogados era impressionante e a de animais mortos era incontável.

Tudo que flutuava era utilizado como transporte entre os pontos mais altos, onde se encontravam os sobreviventes. A maioria das embarcações tinha sido destruída e afundada pelos ventos. Alguns navios que foram surpreendidos pelas tempestades antes de entrarem no porto ainda estavam na barra e ali permaneceram sem que pudessem aportar ou voltar para seus lugares de origem.

Não havia luz e quando anoitecia via-se centenas de velas e lanternas acesas. Com o passar do tempo essas luzes noturnas foram desaparecendo, ficando apenas as fogueiras improvisadas nos topos dos prédios e nos morros.

A busca de comida e água era desesperadora e muitos se arriscavam em mergulhos próximos aos supermercados, shoppings e depósitos que guardavam alimentos embalados. Qualquer estoque era valiosíssimo e quando localizado era imediatamente anunciado pelos prospectores, que se juntavam para explorar, resgatar e distribuir o material encontrado, incluindo roupas, remédios e utensílios. Os navios parados na barra eram constantemente abordados por curiosos e famintos, em busca de alimentos e abrigo, mas eram rapidamente repelidos pelos tripulantes.

Passando as primeiras semanas, o medo e a agressividade foram cedendo espaço para os gestos de solidariedade, mesmo dos tripulantes dos navios. Muitos nadadores, remadores e surfistas formavam legiões atléticas de ajuda, realizada dia e enoite, um intenso e incessante trabalho de socorro e resgate. Eram todos inquietos e queriam manter-se ocupados, talvez para dar sentido útil e competitivo para suas vidas. O perigo da natureza e o desespero das pessoas se tornaram seus novos adversários.

Muitos circulavam a nado apenas com coletes salva-vidas, protegendo os pés com tênis e sapatilhas. Combinavam gritos de alerta e rapidamente reconheceram e mapearam o que restou das cidades. A turma do Velho Surfista era a mais conhecida, por ser formada por uma antiga família e também por causa da idade avançada de alguns componentes. O incrível Vô, de 99 anos e seus dois filhos (de 78 e 76 anos) e os netos e netas entre 25 e 50 anos. Juntou-se a eles, pela fama e entusiasmo da família, um

enorme grupo de socorristas que salvaram literalmente milhares de vidas, incluindo as nossas.

A velha região portuária, por meio de pequenas embarcações, foi rapidamente tomada e todos os navios, iates, veleiros, rebocadores e balsas que não haviam sido danificados foram ocupados pelos moradores próximos. Não se via mais o porto como antes e sim dezenas de navios e barcos desordenados flutuando sobre as cidades onde havia as docas. Os grandes navios praticamente desapareceram. Desapareceram também as embarcações e aeronaves militares, com exceção de algumas que já estavam nos portos próximos e não foram danificadas ou afundadas.

O mar continuava agitado e tomado por uma lama esverdeada, provavelmente por causa de detritos revolvidos do fundo do canal durante os tremores e tempestades. Uma gritaria ensurdecedora era constante e se espalhava rapidamente pronunciando uma palavra antes conhecida somente nos noticiários sobre a Ásia: Tsunami, Tsunami!!!

Já nessa época, vez em quando, de dia e de noite, víamos passando no céu naves que pareciam asas delta e algumas em formato circular. Eram muito grandes e velozes, sumindo rapidamente das nossas vistas. Não emitiam nenhum tipo de ruído e nem luz muito forte, pois tinham aparência de leveza quase transparente. Todos estavam tão distraídos e preocupados em sobreviver que nem perguntavam o que era aquilo ou simplesmente achavam que eram veículos militares secretos dos países que vinham ocupando a região.

Nas semanas seguintes às catástrofes fomos sendo empurrados para o continente, espontaneamente ou conduzido pelas legiões aquáticas. Esses grupos conseguiram ajuda nos navios estacionados na barra, que forneceram muitos equipamentos de resgate, sobretudo barcos salva-vidas de grande porte. Os tripulantes abandonaram os navios, temendo novas tempestades e passaram a colaborar com os socorristas. Isso foi acontecendo porque a vida nas torres residenciais e morros foi se tornando cada vez mais insegura e incerta.

Era preciso esvaziar aqueles lugares, onde havia muitos cadáveres e risco de epidemias, tumultos e desordem. Poucos conseguiram manter suas famílias intactas. Os idosos e crianças foram os mais sacrificados, mesmo tendo prioridades de socorro. Muitos desses adultos se recusavam a sair dos seus abrigos, preferindo morrer de fome a se deslocarem sob a dependência de jovens estranhos.

Estávamos na ponta sul da ilha, onde chegamos após um

convite de um grupo de remadores, liderados por um velho surfista, que vinham da região do Forte. Nessa antiga orla haviam restado poucos prédios e nós tínhamos nos abrigado num edifício construído pouco antes da II Guerra Mundial e que resistira milagrosamente.

Aceitamos o convite, pois a ilha para a qual iríamos parecia mais segura. Com exceção do clube e das casas baixas, quase todos os prédios estavam intactos e de lá tínhamos uma vista panorâmica de quase toda a região. De lá olhávamos o mar, agora ameaçador e incerto; e também mirávamos permanentemente a serra, que entendíamos seria o melhor rumo a tomar, em direção ao planalto. Vimos que na direção sul havia dois grandes navios de passageiros tombados, flutuando ou presos em pedras. Não havia sinal de vida neles, pois ficavam totalmente às escuras durante a noite. Os socorristas estavam planejando ir até esses navios em busca de sobreviventes e recursos, mas não se sentiam muito seguros por causa da distância e da ausência de sinais e pedidos de ajuda.

Numa daquelas tardes de rara calmaria decidimos aceitar outro convite e fomos para o Vale Verde. Os membros da legião aquática gritavam "Vale Verde, Vale Verde" com ênfase e cheios de alegria e esperança, nos convencendo que, de lá, poderíamos melhor reorganizar a nossa salvação e sonhar o nosso futuro nas terras altas do sertão. Precisávamos ir. Seria como se fôssemos os exploradores portugueses do século XVI seguindo os passos dos índios em direção ao planalto.

Para nós toda essa região serrana ainda era desconhecida nas suas entranhas, pois só passávamos ali por meio de automóveis ou coletivos que iam até a capital. A legião de surfistas, apesar da extrema gentileza, nos deixou ali abandonados à própria sorte, como os antigos degredados. E voltaram para resgatar e convencer outros grupos a deixar os prédios, morros e embarcações.

Não havia mais comida nem esperança. Teríamos que sobreviver com o pouco que tínhamos e não se sabia o quanto esse pouco iria durar. Não havia possibilidade de pesca. Toda a região próxima da serra ainda poluída por uma grande quantidade de óleo e produtos químicos de um antigo polo industrial destruído pela catástrofe. Dormimos embaixo de uma enorme viga de concreto e logo de manhã iniciamos aquela que seria a nossa primeira tratativa e combinados de sobrevivência. Eu pensava o tempo todo nos náufragos e antigos degredados. Como tinham sido os primeiros dias, semanas e meses quando aqui tinham sido deixados ou como sobreviventes. O que se passava na cabeça deles. A diferença é que nós provavelmente nunca encontraríamos aldeias indígenas para nos abrigar. Analisamos tudo em conjunto e todos falaram sobre seus medos e suas expectativas. Fizemos as nossas primeiras escolhas.

Decidimos partir porque ali não era um bom lugar de permanência. Era preciso nos mover para algum lugar ao Norte, porque fomos avisados que nos Sul as tormentas ainda estavam bem vivas e arrasadoras. Se possível, era melhor que nos deslocássemos para o interior, nos afastando cada vez mais do litoral.

Teríamos forças para sobreviver a uma caminhada tão longa? O que comeríamos? Não tínhamos quase nada de mantimentos e remédios. Nossas roupas estavam apodrecendo no corpo e, sem remédios e alimentos, não suportaríamos as temperaturas baixas da serra.

Tinha comigo um daqueles canivetes suíços. Era um modelo não muito raro que havia trocado com um colecionador que ficara fascinado com o meu modelo bem antigo, com capa de couro. Não me interessava por essas coisas e só troquei porque ele insistiu muito, a ponto de oferecer como compensação várias lentes assessórias da mesma marca de uma máquina fotográfica da minha filha, e que eram caríssimas. Esse novo modelo de canivete era bem maior, cheio de novas ferramentas das quais, como sempre, eu nem sabia quais eram as utilidades. Vendo a minha dificuldade em procurar uma que pudesse servir de cortador de unhas, alguém lembrou que esse modelo tinha também um minilaser que gerava fogo em material seco. Não acreditei quando vi funcionando e nunca fiquei tão contente em minha vida como naquela tarde, por ter feito aquela troca, só agora imensamente vantajosa. Incendiamos um pequeno graveto em poucos segundos. Foi uma festa e ao mesmo tempo uma bateria de críticas e xingamentos de alegria na minha direção por termos passado, sem necessidade, muitos dias no escuro e com frio no meio da mata.

A empolgação com o fogo foi tanta que paramos para fazer um pequeno acampamento para descansar. Dois de nós achavam que era muito arriscado parar por tanto tempo, mas não insistiram nas suas opiniões. Mas tínhamos que ir em frente, sem olhar para trás. Poucos ou somente eu, lembramos de Lot e temíamos que, antes da partida, alguém surtasse e se petrificasse em sal.

Nossa parada improvisada nos reservava uma outra surpresa, já na manhã seguinte. Tínhamos dormido tarde e acordamos cobertos por uma neblina fortíssima, a qual só víamos quando, há muito e muito anos, descíamos a serra em comboio de carros. Naquela época os carros ainda não tinham sensores de estradas inteligentes nem drivers automáticos, que conduziam os veículos nesse percurso entre o planalto e o litoral. Agora não havia mais carros nem estradas.

Antes de partir percebemos que outros andarilhos se aproximavam de nós quando, bem longe, ouvimos o som de latidos. A luz ou a fumaça da fogueira devem ter atraído visitantes. O som dos latidos foi aumentando pouco a pouco, até que, de repente, surgiram em nosso círculo três cães. Entraram no círculo do acampamento e foram logo nos rodeando. Os latidos se tornaram ganidos de sede e fome, mistura de medo e euforia.

Não apareceu nenhum acompanhante humano. Esperamos por mais de uma hora. Estavam sozinhos e perdidos. Não tínhamos tempo nem muita certeza de que deveríamos procurar alguém. Tentamos fazer com que eles nos levassem até os possíveis donos, mas foi em vão. Nos seguiam por algum tempo e logo retornavam e deitavam perto da fogueira, que ainda soltava uma fraca fumaça cinzenta. Cães. Seriam úteis ou seriam um problema? Esse foi um dos nossos primeiros dilemas.

Nadja decidiu por todos quando, espontaneamente, escolheu brincar e descobrir as habilidades dos três cachorros. Todos ficamos olhando como eram obedientes e afetivos. Não eram tão inteligentes como esperávamos, mas conseguiram nos convencer de que ainda éramos humanos e que aquela amizade de milhares de anos não poderia ser simplesmente desprezada pelas nossas preocupações sobre como sobreviveríamos. Nadja nos mostrou, sem dizer uma única palavra, que os cães deveriam nos acompanhar e que deveríamos alimentá-los como se fossem crianças abandonadas e indefesas. Como se chamariam? Não havia nenhuma coleira ou corrente de identificação. Logo daria um jeito de controlar os cães por nomes novos. Eram dois machos e uma fêmea, muito semelhantes, e um deles, mais velho, que parecia ser pai dos mais novos. Por isso Nadja e Perpétua, depois de muita conversa e deduções resolveram nomear o mais velho Tupy e os mais novos Pery e Cecy. Foi uma festa. Assim que concluíram iniciaram uma brincadeira de esconder para testar e fixar os novos nomes.

Levantamos acampamento. Antes não tínhamos acampamento. Não seguimos pela Serra do Mar nem pela Borda do Campo, como era de costume. Alguma coisa nos dizia que não deveríamos entrar nem passar perto da região do ABCD, muito menos da capital. As notícias de lá também não eram boas. Não havia mais energia, alimentos nem segurança. A grande selva de pedra tornara-se ainda mais selvagem no seu famoso egoísmo urbano.

"Fique longe de São Paulo", diziam os boatos. "Fiquem longe das grandes cidades", alertavam algumas pessoas que não tiveram boas experiências ao tentarem sobreviver nelas. Muitas áreas foram destruídas por tremores de terra, ventanias e tempestades nunca vistos, atingindo principalmente as construções simples das periferias. Bairros inteiros pareciam enormes depósitos de entulho. Nos contaram que muitos riachos que antes foram tampados por canais e avenidas voltaram a ter vida própria, ocupando seus antigos cursos de água.

Parece que a grande metrópole, como todas as outras cidades de grande porte, tinha sofrido um grande êxodo. Muitos foram para o Sul, com a burguesia, em busca de negócios e parcerias com os novos ocupantes do Uruguai, Paraguai e Argentina e Chile. Outros, os mais ricos, foram em direção ao extremo Norte. Nos disseram que em São Paulo não havia mais tantos nordestinos como antes e que a maioria deles tinha feito o caminho de volta para trabalhar em vinhas e indústrias alimentícias, controladas por europeus. O mesmo aconteceu com os que ainda tinham vínculos nas pequenas cidades do interior. Essa ocupação do Nordeste foi iniciada gradual e discretamente por uma antiga família judaica da Europa e se espalhou rapidamente pelos antigos estados. São Paulo esvaziou-se rapidamente e tornou-se uma cidade silenciosa e assustadoramente fantasma em alguns bairros.

Mesmo com toda essa destruição ainda existem grupos que pretendem reconstruir toda a Grande São Paulo. Querem desenhar uma nova metrópole, mais humana, como sempre sonharam seus grandes arquitetos e urbanistas. A antiga diversidade cosmopolita de São Paulo parece ter ficado mais intensa com essa ideia de reconstrução da cidade, porém um grupo étnico exerce uma grande influência sobre todos os demais. São antigos habitantes de cidades inglesas, sobretudo de Londres. Não são apenas ingleses, mas pessoas ligadas aos antigos negócios e atividades britânicas na Europa e nas suas antigas colônias. Muito brasileiros, descendentes de ingleses ou não, fazem parte desses grupos.

A experiência de reconstruir São Paulo nos foi mostrada durante o treinamento que fizemos antes de partir. Os núcleos de orientação usam esse caso paulistano como exemplo de organização política e convívio em novas bases sociais. Muitos conceitos e práticas colocados nos manuais que recebemos foram extraídos dessa experiência de reocupação. Foi em um desse núcleos que recebemos em nosso grupo mais quatro pessoas.

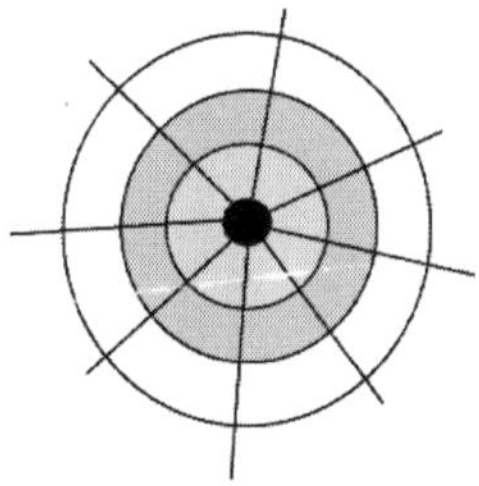

Alguns dias depois da partida do litoral, enquanto permanecíamos indecisos sobre os rumos que tomaríamos, surgiram seis homens que pareciam ser soldados de alguma equipe de batedores. Cada um deles dirigia um veículo pequeno, com acomodações para três pessoas e também pequenas cargas. Os veículos pareciam de muito leves e revestidos de material plástico. Disseram que nos localizaram durante a subida da serra por meio de drones e já aguardavam a nossa chegada naquele ponto. Explicaram que não seria conveniente prosseguir sem antes recebermos atendimento e instruções de sobrevivência. Poderiam fazer esse atendimento ali mesmo, mas seria mais seguro se pudéssemos acompanhá-los até um núcleo mais próximo.

Ninguém parecia assustado ou desconfiado da proposta. Nosso espanto era com os veículos em que seríamos transportados. Nadja quis saber se os cães iriam continuar com o grupo e recebeu um sinal positivo de um dos soldados, que logo fez amizade com os animais, dando a eles um tipo de ração e também água. Este soldado avisou Nadja que precisava examinar os cães e também que faria o mesmo com todos antes de embarcarmos. Tudo foi feito por um pequeno aparelho colocado na frente dos nossos olhos. Nossas íris, segundo ele, davam todas as informações sobre o nosso estado de saúde, incluindo nossas emoções. À medida que examinava ia dizendo abertamente o que se passava com cada um, descrevendo os principais aspectos analisados do corpo e como poderíamos estar agindo e reagindo psicologicamente.

Nunca tínhamos visto nada parecido. Era uma consulta médica completa e feita em poucos minutos, dependendo da reação e curiosidade de quem era examinado. Meu diabetes estava alto, bem como a pressão arterial. Tive que tomar algumas cápsulas para repor energias e corrigir esses desvios orgânicos. A água que todos tomamos tinha uma cor azulada e um sabor totalmente desconhecido por nós. "É normal, por causa do estresse da caminhada e a incerteza...", comentou o examinador, explicando como estávamos e o que estava sendo ingerido.

Fomos atendidos um por um, enquanto conversávamos

com os demais batedores sobre a nossa viagem e tudo que havíamos passado. O atendimento que mais demorou foi o de Víbia. Logo que consultou o aparelho, o soldado teve uma reação de espanto, mas não comentou nada. Apenas fez algumas perguntas a mais, porém alegando que o aparelho perdera o sinal do centro de orientação, pediu que Víbia se afastasse um pouco mais com ele para restabelecer o contato. Continuou a consulta e percebei que ela foi aos poucos mudando a fisionomia, aparentando estar um pouco apreensiva. Passou as mãos no rosto e depois no cabelo como se constatasse algo que já sabia. O soldado-médico sorriu e disse a ela algumas palavras confortadoras. Foi até o seu veículo e retirou de uma pequena maleta alguns frascos brancos que pareciam ser remédios. Ele explicou para Víbia o que continha cada um dos frascos, sempre de forma serena e sorridente. Somente ela parecia não estar muito à vontade.

Notando a diferença no atendimento, a senhora Terêncio aproximou-se dos dois para saber o que estava acontecendo. Na presença da mãe Víbia não resistiu e começou a chorar, não se sabe de tristeza ou alegria, pois demonstrava medo, preocupação e também contentamento. Ao ser chamado pela esposa, Terêncio não teve nenhuma reação anormal ao saber que a filha estava grávida e que em breve seria avô. Na verdade, ficou até contente quando soube que a gravidez de Víbia havia sido identificada por meio do drone.

Mais tarde o médico nos contou que esse veículo de sondagem era monitorado não somente por radares, mas também por especialistas com habilidades diferenciadas, incluindo dons psíquicos. Um deles percebeu que Víbia caminhava de forma diferente e emitia vibrações de angústia e preocupação mais intensa do que os demais. Do corpo dela saíam raios azulíneos e fios prateados denunciando algum tipo de ligação espiritual. Por isso os veículos fizeram a abordagem antecipada ao previsto. Isso atrasou um pouco a nossa viagem. O soldado-médico fez questão de conversar um pouco mais com os três e, para isso, colocou pequenas cadeiras próximo do seu veículo. De vez em quando levantava para contatar o centro de orientação, solicitando informações de como proceder com o caso. Essa notícia mudaria completamente o nosso destino e todos pensaram que a família iria se separar de nós por causa dessa gravidez.

Os soldados aproveitavam também para dar algumas informações prévias sobre o que estava acontecendo; não tudo, mas o necessário para nos acalmar naquele momento.

Antes de partirmos para o centro de orientação, o soldado-médico solicitou mais um momento de atenção especial. Disse que apesar das verificações feitas pelos aparelhos sobre nossa saúde física, ainda havia dúvidas e preocupação com as nossas condições psicológicas. Lembrou que os acontecimentos dos últimos anos tinham causado um forte abalo emocional nas pessoas, com efeitos de longa duração, dependendo do tipo de trauma adquirido. "O corpo é previsível nas suas reações, porém a mente quase sempre funciona no campo do imprevisível", acentuou o jovem médico ao lembrar que muitos apagavam certas informações da memória enquanto outros não conseguiam se livrar dessas marcas psicológicas. Ele explicou que os pensamentos são nossos principais sinalizadores e condutores, que usamos para solucionar problemas e fazer planos. Mas sofrem forte e complexa influência da memória, que é também um importante marco ou referência das nossas escolhas.

"Se os pensamentos idealizadores e planejadores são atacados por lembranças negativas, imediatamente somos tomados por sentimentos de medo e insegurança e, consequentemente, ligamos todos os mecanismos de defesa que possam nos aliviar desse sofrimento".

Percebemos que, pelo tom da conversa e da explanação, ele estava nos preparando para algo mais complexo e que não poderia adiar. Não deu outra. O soldado-médico foi direto ao ponto:

"Alguém de vocês já teve ou vem tendo pensamentos sobre suicídio? Em algum momento pensaram em desistir de tudo, se perguntando se vale a pena continuar vivendo dessa forma incerta que estamos todos experimentando"?

As duas perguntas deixaram todos perplexos, provocando um súbito silêncio. Alguns abaixaram a cabeça e só levantaram quando o médico continuou sua explanação, explicando também porque tinha tocado nesse assunto. Todos nós havíamos, de uma forma ou de outra, pensado em suicídio. Vimos pessoas desesperadas e assustadas se matarem quando ainda estávamos no litoral. E não foram poucos os casos. Algumas dessas pessoas davam sinais visíveis e avisos sobre suas intenções, mas os casos que mais nos causavam choque eram sempre aqueles que nos surpreendiam, por serem pessoas aparentemente calmas e equilibradas. Elas demonstravam uma certa alegria de viver e, de repente, davam fim às suas vidas. A forma escolhida mais comum era o enforcamento, por ser mais acessível, sendo, porém, muito chocante porque víamos os corpos pendurados, e até as faces deles, estampando o terrível sinal da derrota. Quando esses suicidas deixavam sobreviventes, parentes e amigos próximos, era mais difícil ainda suportar, pois o gesto se prolongava por muitos dias e até meses, como um pesadelo que não terminava.

O médico também queria ouvir esses nossos relatos. Disse que não poderíamos deixar de falar senão os mortos não ficariam em paz e não nos deixariam pacificados intimamente. Ele perguntava sobre os nossos sentimentos ao fazer os relatos e se ainda estávamos abalados com esses fatos. Ao fim de cada relato lembrava que as mortes dos nossos entes queridos e amigos nos causava grande sofrimento, porém nos tornariam muito fortes e resistentes se aprendêssemos coisas importantes com essas experiências.

"Os suicídios não vão acabar e vão rondar a cada um de nós e os nossos grupos de convívio, como um perigo constante e como tentação de fuga", lembrou. "Por isso é sempre importante falar quando desconfiarmos que qualquer um de nós estiver cogitando dar cabo à própria vida".

E aproveitou para lançar sobre nós uma outra ideia, da qual seríamos insistentemente lembrados durante os treinamentos. Ele destacou que a humanidade estava fechando um ciclo histórico e que outro período já estava em franco desenvolvimento. Apesar do medo e da incerteza reinantes, essa atmosfera defensiva e de brutalidade tende a desaparecer aos poucos. O médico falava para todos nós, mas fixava o olhar em

Gerald, um dos nossos, como se pressentisse que ele sabia algo mais sobre aquilo que estava dizendo e que se tornasse ali um guardião e multiplicador dessa memória. O médico disse que a velha civilização industrial dava os últimos suspiros e não teria mais nenhuma chance de renascer.

"Como sobreviventes dessa transição temos que escolher duas alternativas: morrer com ela ou aceitar essa morte e ainda descobrir que outra forma de vida estaria nascendo entre nós. Isso já havia acontecido em épocas muito remotas, quando nos tornamos homo-eretos e nos transformamos em andarilhos da natureza. Ao andarmos "em pé", permanentemente em busca de alimento e abrigo, desenvolvemos a noção mental de tempo (o que passou, por onde estamos passando e para onde iremos) e todos os costumes e ritos sociais consequentes dessa percepção. Descobrimos que a Terra era plana e que talvez ela teria um fim no horizonte. Isso nos levou a muitos caminhos, muitas descobertas e finalmente ao sedentarismo, longo período de conforto e acomodações que acabamos de perder com esses acontecimentos telúricos. Descobrimos e construímos o chão e agora ele se desfez na incerteza. Não temos mais endereço social nem existencial. Estamos novamente perdidos sobre a terra e o nomadismo será a uma das formas de redescobrir as nossas habilidades perdidas no conforto civilizatório. Teremos que reaprender a ler a natureza e restabelecer um relacionamento harmônico com ela. Se pararmos de andar, morreremos. Se andarmos, vamos fazer novas descobertas, como fizeram nossos ancestrais na pré-história. Eles descobriram um novo mundo que se abria e se estabelecia sobre o planeta, que era o mundo dos territórios, da agricultura e dos grandes centros políticos. Esse mundo, depois de muitos milênios, desmoronou deixando escombros e poucos sobreviventes. A nova civilização vai se estabelecer com base em uma nova cultura e nossa existência se dará por meio da colaboração. As propriedades não serão mais individuais, a não ser como senso de responsabilidade. Estabilidade sedentária será bem diferente daquela que perdemos recentemente. Teremos que reaprender a ser livres por meio da cooperação e não pela competição. Isso significa que a solidariedade deverá permear as relações humanas, porque a fraqueza de uns será entendida como a fraqueza de todos. Diante dessa grande incerteza teremos que andar dia e noite, como faziam nosso ancestrais da Era do Gelo. Andar e buscar novos horizontes. Nesse novo nomadismo vamos descobrir novas verdades e certamente vamos desenvolver uma outra visão de mundo, cada vez mais complexa. Somos sobreviventes, mas ainda não estamos definitivamente salvos. Poderemos sucumbir diante das novas equações e enigmas dessa nova época. Teremos que descobrir que bases sustentam essa nova realidade e como podermos mudar o nosso olhar sobre ela".

O médico fez uma pausa e concluiu dizendo que precisava dizer tudo aquilo, para que realmente a nossa ida ao centro de treinamento fosse não apenas a busca de um refúgio ou uma imposição circunstancial. Nossa escolha de estarmos lá deveria ser consciente e ter um significado muito mais amplo do que os nossos medos e as nossas angústias daquele momento.

Todos continuamos em silêncio, dando a entender que estávamos contratando uma parte importante do nosso futuro.

Todos estavam realmente certos e satisfeitos?

O tempo iria dizer.

Antes de partir continuamos as conversas informais. Os soldados fizeram muitas perguntas sobre o percurso que havíamos feito e se também tínhamos visto algo estranho no mar e no céu, como luzes e objetos voadores. Todos dissemos as mesmas coisas. Eles riram com as nossas descrições e apenas disseram que também estavam perplexos, querendo dizer que não sabiam ou não poderiam revelar o que sabiam sobre isso. Fomos acomodados nos veículos e partimos para o centro de orientação. Lá permanecemos algum tempo, precisamente quarenta dias. Vencido esse prazo de treinamento, poderíamos então prosseguir na nossa rota original, se fosse consenso entre os antigos e os novos membros do grupo.

Foram longos e também curtos esses dias....

Tomamos o rumo do litoral norte, percorrendo o novo contorno litorâneo. Andamos por muitos dias, no início sem um ritmo definido e sem muita organização. Tudo era novo. Estávamos ansiosos e inseguros se realmente saberíamos colocar em prática as instruções recebidas. Sabíamos que iríamos aprender, com o passar do tempo, a controlar as caminhadas e as paradas.

Nossa intenção, como recomendava uma das opções do manual de deslocamento, era atingir a Serra da Mantiqueira e de lá buscarmos as outras serras da região central. Foi nesse trecho que vimos uma cena totalmente nova para os nossos olhos.

As águas, antes recuadas, agora estavam bem próximas da serra, tendo desaparecido completamente as praias, porém mantendo os antigos contornos em formato de novas ilhas, baías e enseadas. O mar era de um azul profundo, quase verde, e nesse dia estava tão calmo que parecia um enorme lago salgado.

À medida que avançávamos, fomos vendo um grande número de navios cargueiros e de passageiros estacionados, alguns quase escondidos nas encostas. Eram muitos e pareciam estar totalmente abandonados.

Alguns quilômetros depois avistamos pequenas construções arquitetônicas onde se movimentavam algumas pessoas uniformizadas. Eram estrangeiros. Nos afastamos por temor e, pouco tempo depois, vimos enormes veículos circulando pelas águas. Tinham formato estranhíssimo, mistura de lanchas e aviões, e o único som que emitiam era o barulho das ondas que provocavam ao tomar impulso, extremamente veloz. Ficamos em dúvida se nos aproximávamos ou não da vila ou acampamento. Não sabíamos se seriam acolhedores ou se nos tratariam com hostilidade. Sabíamos, sim, que entre eles certamente haveria alguns brasileiros encarregados de mediar algum conflito entre nós e eles. Mesmo assim decidimos não arriscar. Seguimos.

Na primeira parada, durante a noite, vimos outra cena impressionante. Luzes multicores e intensas eram projetadas do mar, muito semelhantes às auroras boreais, indicando que naqueles locais havia algum tipo de movimento e de vida que desconhecíamos.

As mudanças que afetaram a todos não aconteceram de forma brusca, mas foram tão intensas que ainda não temos senão noções do que aconteceu com o nosso mundo.

Usamos essa expressão *nosso mundo* porque só agora começamos a nos acostumar com a ideia de que não vivemos sozinhos no Universo e que compartilhamos essa experiência com outras formas de vida inteligente. O que era apenas uma ideia remota e fictícia, agora surge diante dos nossos olhos sem que possamos fazer nada para evitar e negar.

Assim como, a partir da quarta década no século XIX, segundo o relato de Sir Arthur Conan Doyle, os espíritos dos mortos fizeram uma invasão organizada nos quatro cantos do planeta por meio de fenômenos físicos, girando mesas, quebrando espelhos e jarras de vidro, levitando e movendo objetos ou tomando aparência materializada, o século atual é dos seres extraterrestres. Os Espíritos invasores foram inicialmente barrados pela incredulidade e depois contidos pelos interesses religiosos, pela ação persistente a agressiva do clero. Esses intérpretes seculares da realidade, agora acuados pela ciência espírita, desistiram da interpretação demoníaca e passaram a bater na tecla da loucura, da histeria coletiva e até da manifestação do inconsciente freud-junguiano.

Com os extraterrestres, a ameaça atingiu o Estado e os governos. Nas quatro primeiras décadas do século XX as aparições eram tímidas e raras e se confundiam com o imaginário dos curiosos entusiastas. De 1940 em diante elas foram se intensificando e caíram no círculo de contenção dos interesses militares e geopolíticos. Tal qual os Espíritos no século anterior, o assunto "alienígenas" foi sendo proibido, restrito, e diante de qualquer incidente público, logo recebia tratamento de desvio de conduta mental, para forçar socialmente o esquecimento.

Mesmo assim as dúvidas sobre esse assunto persistem, pois, embora não sejam raros como antes, os contatos continuam sendo distantes e seletivos. Os olhos enxergam, os corações sentem. Entretanto, os pensamentos continuam repletos de indagações sem respostas.

Parece que nem mesmo os membros do governo, nem os estrangeiros, sabem realmente o que são e como funcionam esses veículos e equipamentos que certamente não vieram da nossa atmosfera. Muitos já viram alguns deles pousando e desembarcado centenas de pessoas, com aparência de refugiados de guerras e catástrofes. Pousam em lugares abertos – de fácil locomoção humana-, realizam o desembarque e depois se vão sem deixar nenhum vestígio. Talvez seja por isso que isolaram as estradas, portos e aeroportos, bem como as antigas instalações militares. As pessoas que fazem esses relatos misturam perplexidade, entusiasmo e um certo temor místico de quem passa a adorar o inexplicável.

Todos se lembram de antigos filmes exibidos repetidamente na TV, de ficção científica. Hoje eles são lembrados por nós como filmes proféticos, pois são de uma incrível semelhança com tudo que está se passando, em todos os lugares. Vemos as coisas e logo vêm a nossas mentess cenas cinematográficas.

Ninguém sabe ao certo, mas comenta-se muito sobre uma guerra acontecida durante dois anos no Oriente Médio, silenciada nos noticiários, mas que causou danos enormes tanto na Europa ocidental como no leste europeu e grande parte da Ásia. Houve também explosões atômicas em vários pontos do globo, deflagradas por alguns países extremistas e organizações criminosas. A guerra e as explosões foram seguidas de graves alterações climáticas no Hemisfério Norte, com oscilações nunca vistas, com a queda de temperaturas, violentas tempestades de neve; e também grandes ondas de calor, chuvas prolongadas e enchentes destruidoras.

Não sabemos se existe uma ligação entre a grande guerra, as explosões e as mudanças climáticas ou se foi apenas uma coincidência de acontecimentos. Isso porque a movimentação de estrangeiros no Brasil e vizinhanças já vinha acontecendo muito antes desse grande confronto militar e atos de terrorismo, também de grande porte.

Num dos poucos momentos de parada e descanso do nosso grupo, o silêncio ao redor de uma fogueira ou abrigo é quebrado por lembranças e conversas intrigantes. Todos querem saber e compreender todas as coisas que têm acontecido e o que poderá acontecer. As conversas funcionam como terapia e cura gradual para os nossos medos e angústias. A sensação de solidão individualista desaparece para lembrar que realmente estamos todos juntos. Nesses momentos ficamos calmos e substituímos a sucessão caótica de pensamentos pelas reflexões e pela abençoada postura de ouvirmos uns aos outros. Às vezes somos tomados por um silêncio longo que no começo nos deixava muito incomodados e inseguros. Agora, quando acontece, aguardamos que ele passe naturalmente, sem expectativas.

Caminhamos durante o dia para chegar a algum lugar, mas quase todos não viam a hora de chegar o entardecer, para descansar o corpo e também distrair nossas mentes com uma boa conversa e troca de impressões. Cada um de nós tem algo a dizer sobre o que vivemos, das coisas que nos preocupam e também das coisas que sabemos e que poderão ser de interesse dos outros.

Numa dessas noites ouvimos algo muito diferente das paradas anteriores, nas quais simplesmente nos preocupávamos em arrumar um lugar confortável e seguro para dormir.

Um dos nossos companheiros de fuga, o meu antigo vizinho Gerald Lemann, nos contou algumas narrativas históricas – de cores místicas e proféticas – e fez um relato explicando todas essas tragédias e mudanças no planeta e na humanidade. Foi ele quem nos esclareceu sobre as mudanças climáticas e outros fenômenos naturais que nos causavam espanto.

Nessa noite a conversa se alongou muito além das noites anteriores. As perguntas e debates foram se sucedendo sem nenhum sinal de cansaço e esgotamento.

– Mas, afinal, o que está acontecendo? – Perguntei– Ouvimos muitas histórias e explicações mas parece que as coisas não têm muito sentido. Nosso planeta está no fim mesmo?

– Creio que não, respondeu prontamente. Estamos encerrando um ciclo ou uma grande era e iniciando outra, também muito longa.

– Como assim um ciclo? Isso já aconteceu antes e agora se repete?

– De certa forma, sim. Estamos finalizando um ciclo de mais ou menos 28 mil anos, divididos em quatro longos períodos de 7 mil anos. É o que afirmam diversos calendários e textos antigos que são testemunhos do que aconteceu em outras épocas.

– O intervalo entre esses ciclos são curtos ou longos? – questionou um dos jovens, vivamente interessado e naturalmente provocando risos.

– São transições e como tal são de longa duração, apesar dos distúrbios geológicos bruscos. Não se sabe exatamente quanto tempo isso vai durar porque não temos referências mais precisas.

– Mas então, mesmo não acabando o mundo, a Terra ainda vai ser toda revirada por terremotos e maremotos? – inquiriu o jovem.

– Nesses períodos os continentes mudam de lugar, emergem e submergem, e as civilizações são atingidas por esses reveses geológicos a que estamos assistindo há décadas. Mas essas perturbações nada têm a ver com guerras e interferências humanas na Terra. O que está havendo provavelmente é uma reversão dos polos magnéticos do planeta. Isso acontece por causa da movimentação interna do magma, com liberação de energias e fenômenos consequentes que não conhecemos em detalhes, mas que é um processo natural de renovação geológica e preparação para futuras mutações biológicas do nosso orbe.

– Então a Terra não vai morrer? Perguntou uma das garotas,

– A Terra é viva e se recicla o tempo todo no relógio dos

milênios e eras. A eletricidade intensa e aparentemente caótica é um dos efeitos dessa polarização revertida. Em estado normal ela cria um campo magnético, uma capa protetora contra os raios solares e outros distúrbios externos. Em períodos de reversão ela se acentua e quebra toda a harmonia, como se fosse uma tempestade de proporções gigantescas. Tudo fica alterado. A última reversão conhecida aconteceu há 41 mil anos. Ele durou mil anos e a inversão polar durou cerca de dois séculos. Tudo muito natural, mas não podemos esquecer que Deus escreve certo por linhas tortas, isto é, pelas próprias leis que criou e que ainda desconhecemos em suas marcas e manifestações.

Assustado e inquieto com o rumo da conversa, o meu antigo vizinho Terêncio, que olhava insistentemente para o céu, em busca de estrelas e talvez de respostas, tocou no assunto mais esperado por todos.

– E essas coisas estranhas que surgem do céu, são realmente seres de outros planetas? Não são eles que provocaram tudo isso com a intenção de dominar a Terra?

O interpelado sorriu, demonstrando que também tinha essa dúvida, entretanto, percebendo que todos esperavam algo mais esclarecedor, tentou nos acalmar com alguns argumentos interessantes.

– Também nesses períodos, como lemos em vários relatos, o planeta sofre intervenções alienígenas, de coletividades mais inteligentes e que possuem interesses e afinidades com a humanidade terrena há muitos milênios. Eu sei que as teses sobre invasões e conquistas do nosso planeta não são meras fantasias e que possuem defensores respeitáveis, como foi o caso do físico Stephen Hawking. Ele era, todos se lembram, extremamente cético com relação à bondade e superioridade moral dos extraterrestres avaliando que nossa visão sobre eles era ingênua e infantil.

"Não tentem contato com eles – dizia – pois poderemos ter surpresas muito desagradáveis".

– Eu acho que o Hawking estava coberto de razão – também opinou o meu amigo Terêncio – Isso tudo que estamos vendo pode ser o prenúncio de coisas muito piores. Eles se aproximam, provocam toda essa desordem na natureza, nos desestabilizam de todas as formas e depois ocupam e dominam tudo. Morreremos todos aos poucos ou nos tornaremos escravos deles, se isso for conveniente.

– Olha, é possível. Pode parecer pessimismo, mas é perfeitamente compreensível reagir e pensar assim. Eles estão aí e não podemos negar, argumentei. Mas ainda é cedo para afirmar se a presença deles é pacifica, de solidariedade, ou se é de conquista. Tudo ainda é muito vago e até obscuro quando se trata de respostas sobre o verdadeiro significado dessa presença. Apesar de tudo que vemos, ainda temos dúvidas se são realmente alienígenas.

– O que seriam, então? – protestou um dos jovens – são russos e americanos brincando de discos voadores?

Nesse instante quase todos voltaram os olhos para Lemann, entendendo que ele tinha mais coisas importantes a nos dizer. Afinal, iniciamos a conversa por causa das coisas que ele nos dissera sobre os nossos antepassados. Queríamos saber mais sobre isso. Já havia acontecido algo semelhante em outras épocas?

– Os continentes– perguntei – afundam e emergem de tempos em tempos? Isso é verdade?

E ele continuou o relato, de forma lúcida, como se tivesse lendo um poema épico.

– Foi assim no continente da Lemúria, primeiro cenário da humanidade adâmica, e que ao afundar há muitos milênios, deixou como provas geológicas das mudanças os conhecidos territórios de Madagascar, Nova Zelândia, Austrália, Tasmânia, Papua (nova Guiné); e parte da Ásia: Ceilão, Sumatra, Índia Meridional, Java, Bornéu, ilhas principais da Polinésia, Industão, Mongólia, Tibet e o grande deserto de Gobi.

À medida que Lemman descrevia as regiões e os acontecimentos, imaginávamos como teriam sido as catástrofes e as angústias e o desespero dos povos daqueles tempos tão remotos, tal como nós ainda estávamos sofrendo.

E continuou o relato, também esclarecendo dúvidas que iam surgindo entre nós:

"Algumas dessas regiões são áreas onde a fauna e a flora

são extremamente diferentes dos demais continentes. A posição deles era bem diferente da que conhecemos atualmente. A Lemúria, por exemplo, se estendia em direção Oeste até a ilha de Páscoa, no atual Oceano Pacífico".

As perguntas – muitas e sucessivas – iam surgindo e sendo respondidas prontamente.

– Houve sobreviventes? Quando aconteceu isso? Onde estão esses sobreviventes? Deixaram vestígios?

– Os aborígenes australianos são os remanescentes e o retrato mais fiel da humanidade daqueles tempos remotos. Afirma-se que a Lemúria desapareceu 700 mil anos antes do começo da chamada era Terciária (período Eoceno).

– Que outros continentes existiram e afundaram? Por que isso aconteceu?

– Também foi assim na Atlântida – respondeu – cujas grandes ilhas de deslocaram em diversas fases e depois afundaram entre a Europa e a América, deixando vestígios na Amazônia, América Central, bem como no Norte da África e nas ilhas do Mediterrâneo. Os herdeiros dos atlantes são também muito conhecidos: os incas, astecas, maias, cretenses e micênicos. O último afundamento desse continente foi efeito da Era Glacial, ocorrida entre 15 e 30 mil anos atrás, segundo relatos de antigos sábios cretenses aos conquistadores gregos. Esses relatos foram feitos a Sólon, o legislador ateniense, e depois anotados e imortalizados por Platão. Esses relatos afirmam que em todos esses períodos ocorreu uma inclinação do eixo da Terra. O astrônomo Hiparco já havia percebido essas mudanças em sua época (210 a.C.). O ângulo formado entre o eixo de rotação da Terra e a perpendicular da Eclíptica é, exatamente, igual à separação angular entre o plano do Equador da Terra e o plano da órbita terrestre (Eclíptica). Em época normal, a inclinação entre o plano do Equador e o da Eclíptica é de aproximadamente 23,5°. A inclinação do eixo da Terra muda com o tempo, porque esta se movimenta semelhante a um pião que gira obliquamente ao chão. Um dos movimentos, denominado precessão dos equinócios, faz o eixo da Terra girar em torno da perpendicular da Eclíptica com um período de cerca de 25.800 anos. Recentemente a inclinação do eixo chegou a 32 °, causando todos esses distúrbios que vivemos; e não se sabe quando tempo vai durar e nem as consequências, pois não temos registros científicos, como temos dos fenômenos regulares já estudados".

Já tinha ouvido falar desses relatos, mas não conhecia os detalhes que o amigo nos contava, quando também relacionava esses continentes desaparecidos com a sucessão de raças humanas dominantes ou matrizes que foram surgindo no planeta.

Enquanto Lemmann falava todos ouviam num absoluto silêncio. Sua fala mansa não provocou medo nem sentimento de revolta ou contestações radicais, porém causou forte impressão e muita curiosidade sobre as ligações remotas que existiam entre os povos e nações e como essas ligações se prolongaram no tempo e no espaço.

Achei que alguns de nós iriam reagir com ceticismo e até descaso, mas no entanto ficamos todos em atitude de respeito, mesmo que alguém tenha discordado ou não levado muito a sério a explanação de Lemman.

Estávamos perplexos. Será que essas informações responderiam a nossas dúvidas e incertezas? Elas dariam sentido às coisas que guardamos todo esse tempo sem poder compartilhar com os amigos e estudiosos?

Na verdade também, falo mais por mim, ficamos todos gratos pela explanação, porque nos sentimos confortados, mesmo que alguns de nós não tenham compreendido ou aceitado as coisas que ele disse. Mas tudo era dito de uma maneira tão aberta e profunda que nos pareceu mais uma tentativa de nos distrair das tormentas e angústias que de vez em quando se abatiam sobre nós.

Enquanto falava predominava um silêncio indescritível, que não era ao redor e na mata, mas um silêncio em nós mesmo, interior, deixando-nos completamente introspectivos. Os cães apenas ouviam e não davam nenhum sinal de inquietação. Por diversas vezes percebi que pequenas luzes surgiam em movimento por trás de nós, como faíscas, acendendo e desaparecendo. Achei que somente eu havia percebido, no entanto, fiquei mais à vontade quando mais duas pessoas também olhavam, curiosas, para os lados e para o alto, buscando o paradeiro das pequenas luzes. Não tinha nada no céu e não tinha vagalumes, que são verdes. As faíscas eram azuladas e tinham uma pequena aura lilás e rosa. Certamente não estávamos sozinhos. Lembrei que antes de sair da cidade e sermos levados pelos surfistas, vi as mesmas faíscas algumas vezes, mas não dei muita importância. Agora elas poderiam ter algum significado diferente. Deveríamos ficar mais atentos e aprender a ler e interpretar aquelas aparições, que deveriam ser inteligentes e intencionais.

Naquela madrugada, se é que podemos ainda chamar assim aquelas horas avançadas, fomos dormir muito intrigados e completamente perturbados em nossas referências pessoais. Todos sentiam que muitas coisas iriam mudar e que não seríamos mais as mesmas pessoas.

Não dormi muito. Mas acordei satisfeito e disposto. Pela primeira vez em anos despertava sem aquela angústia de ter perdido tudo e de estar sem rumo.

Essa noite foi diferente. Dormi um sono profundo. Tinha sonhos, coisa que não acontecia há tempos – ou então simplesmente apagava as lembranças dessas fantasias do sono. Mas o sonho dessa noite parecia não ser uma fantasia. Tinha sequência, conversas com nexo, pessoas falando de coisas sérias e importantes. Me esforcei para lembrar de algumas cenas e consegui recordar que alguns de nós íamos a diversos lugares e nos encontrávamos para receber, juntos, instruções sobre a nossa viagem. Era uma cidade comum, grande e movimentada, mas completamente desconhecida por mim. Mas ao mesmo tempo me sentia em casa, como se fosse um antigo morador dali, em visita. Uma das pessoas que nos instruíam era o velho surfista do litoral. Mas, estranho, ele tinha aparência muito jovem, com cabelos longos e roupas bem coloridas e estampadas, como os antigos surfistas. A camiseta dele era de mangas compridas, de cor verde e tinha estampada uma grande bandeira do Brasil, com dizeres diferentes. Não era "Ordem e Progresso". Era uma outra frase que não consegui memorizar. Ao nosso redor tinha muitas pessoas e depois vi que havia muitas crianças correndo num gramado enorme, muito verde e luminoso. Elas carregavam bandeiras do Brasil, de todos os tamanhos, e também bandeiras brancas. Muitas bandeiras. Mas não parecia uma festa cívica e sim um congresso político reunindo muita gente: autoridades, cientistas, artistas, técnicos, todos muito voltados para essa ideia de uma nova bandeira e um novo país. Tinha música mas não me recordo de como era. Só lembro que eram canções diferentes, bem diferentes dos nossos hinos cívicos e religiosos. As crianças corriam muito e pareciam dar vida ao evento, pois alegravam as pessoas, despertando nelas projetos para o futuro. Muito sorridente e dinâmico, o surfista dizia para nós: "Não fica marcando touca nesse mato. É perigoso. Vão em frente e rápido. Os gringos estão chegando de todos os lados para ocupar o pedaço. Precisamos garantir o nosso espaço, antes que ocupem tudo".

Acordei com essa fala do surfista na cabeça e com a imagem dele gesticulando para tomar o rumo Norte: "Vão, vão, não marca touca não, meu irmão".

Mas de tudo o que foi dito naquela noite inesquecível o que mais nos causou impressão foi o relato que Lemann fez sobre os capelinos, uma elite alienígena cuja história esteve oculta – pasmem – nos textos bíblicos – bem como nas tradições de outros povos antigos. Ele nos revelou pausadamente que, há cerca de 15 a 20 mil anos, quando ainda estávamos dando os últimos passos do nomadismo e na pré-história, a Terra recebeu sucessivas levas migratórias de coletividades alienígenas, especificamente de planetas localizados na constelação do Cocheiro, no sistema solar da estrela Capela. Dessas humanidades transferidas compulsoriamente para a Terra, por determinação de autoridades alta hierarquia espiritual, duas eram grandes coletividades rivais, responsáveis por uma guerra nuclear que colocou em risco o equilíbrio de toda aquela parte longínqua do Cosmos.

Isso mesmo: uma guerra nuclear. Uma guerra nuclear ocorrida há milênios, em outro planeta, com artefatos atômicos... Esse ato foi considerado de alta rebeldia e extrema gravidade para com as leis do Universo, sendo seus responsáveis e inúmeros cúmplices banidos indefinidamente daquele sistema, condenados e exilados numa região planetária ainda primitiva, para expiar seus crimes e também mover essas regiões para os seus previsíveis ciclos de desenvolvimento e evolução. Os capelinos, como ficaram conhecidos, eram hábeis homens de ciência, tecnologia e também de crueldade política opressora, mantendo sob o jugo e escravidão muitas coletividades que não lhe resistiam ao domínio da força e da inteligência.

Na cultura e no imaginário da história terrestre eles foram lembrados em antiquíssimos relatos orais e escritos, ocultos e sagrados, de muitos povos afins, principalmente dos hindus e dos hebreus. São elas duas etnias remanescentes desses grupos rivais que reencarnaram compulsoriamente na Terra: os árias do vale do Indo e os semitas da Mesopotâmia e do vale do Nilo, na África. Foram esses exilados que implementaram os conhecimentos que deram forma e impulso às nossas civilizações e seus caracteres culturais.

As mesmas inteligências e coletividades que se confrontaram em Capela há milênios se reencontraram diversas vezes ao longo da nossa história para reajustes mútuos e também novas quedas e desvios de conduta. Proibidos espiritualmente de formarem Estados-nação, entretanto, eles se infiltraram e se agregaram a grupos políticos dominantes em todas as épocas e acabaram tendo alto poder de influência sobre os destinos desses povos que os acolheram.

Diante de alguns questionamentos, veio à tona na conversa o caso de José do Egito, lembrado como um dos mais famosos exemplos dessa influência capelina, ocorrida num poderoso Estado da Antiguidade, também de origem extraterrestre, pelas vias da reencarnação. A partir desse inesquecível modelo bíblico, também inúmeros outros exemplos ocorridos na história mais recente foram lembrados, como a atuação do imigrante judeu-alemão Henri Kissinger, poderoso e influente secretário de Estado dos EUA durante os graves conflitos entre árabes e israelenses. José do Egito e Kissinger dos EUA foram exemplos históricos positivos e de diplomacia e da inteligência capelina. Eles também estavam presentes nas esferas de ciência e poder do leste europeu, sob domínio soviético. Esse foi o grande perigo da Guerra Fria ocorrida no final do século XX: uma nova polarização das antigas rivalidades entre capelinos. Inúmeros outros casos, não somente dentro da cultura judaica, mas entre todos os seus remanescentes, não foram positivos e nem tinham os caracteres da inteligência espiritual superior.

No século XX e início do XXI essa antiga rivalidade capelina (entre arianos e semitas) desdobrou-se no confronto entre o Eixo e os Aliados na Segunda Guerra Mundial, culminando com a invenção e uso das armas atômicas no Japão m 1945. Essa ameaça de repetição da tragédia nuclear de Capela rondou o nosso planeta durante os 70 anos da Guerra Fria e recentemente parece ter chegado ao ápice com o confronto bélico entre Israel e as nações islâmicas no Oriente Médio.

A elite científica radicada na Europa e nos Estados Unidos, todos de origem capelina, já havia alertado seus governantes sobre a gravidade e riscos da pesquisa nuclear, porém não resistiu aos impulsos do orgulho e da vaidade de gênios como Openheimmer, o autor na Terra da demoníaca fissão nuclear para uso bélico. Segundo nos contou o nosso companheiro, capelinos de ambas as facções milenares foram novamente banidos, desta vez para um planeta intruso que se aproximou do nosso sistema solar há algumas décadas, somente com a finalidade de atrair, pelo seu magma primitivo, não apenas os capelinos caídos, mas todos os que entraram em sintonia e afinidades com suas ideologias criminosas de superioridade intelectual e seus propósitos destruidores.

Essa história nos deixou divididos entre perplexidade e a desconfiança, porém todos impressionados pela concatenação de ideias, fatos, mitos e tradições que se entrelaçaram nessa longa e curiosíssima explicação do nosso companheiro. Em nenhum momento ele nos deu a impressão de querer nos convencer ou converter para alguma crença ou ideologia, mas apenas consolar e acalmar nossos espíritos aterrorizados pelos acontecimentos e abatidos pela falta de esperança. Tanto que todos nós, sem exceção, durante e depois da sua fala, procurávamos espontaneamente no céu e no chão, pelo olhar vago, as explicações mais íntimas de tudo que ouvíamos.

Quem sabe se essa grande síntese não seria a ligação definitiva entre o passado obscuro de dores, o presente de tormentas e nosso tão incerto futuro?

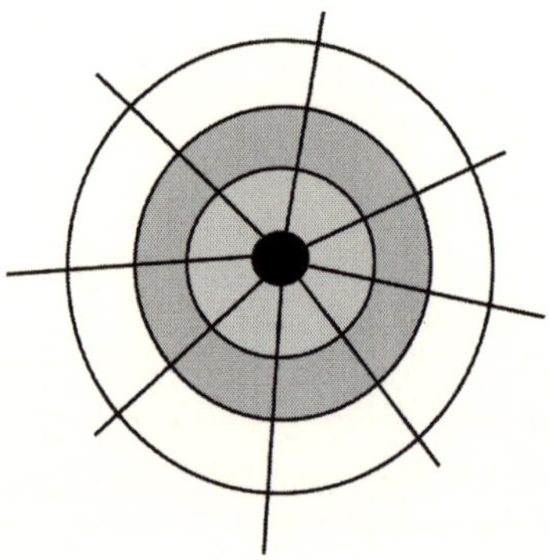

## 3 Burgo Esperança

Chegamos ao Vale do Paraíba. E diante de nós a imensa e assombrosa Serra da Mantiqueira, que foi durante muito tempo a principal divisa natural entre São Paulo e Minas Gerais. Ficamos estáticos por alguns minutos, para celebrar a nossa chegada àquele ponto; todos em silêncio, admirando aquela imensidão de rochas cobertas pela mata verde.

Foi o silêncio imposto por aquele grande maciço que nos calou, talvez perguntando se realmente estávamos dispostos a transpor os seus vales e cumes. Diferente da Serra do Mar, aquela que finalmente encontramos devia ser muito fria durante as noites. Os maciços nos assustam, não pelas suas proporções gigantescas e que nos tornam pequenos e insignificantes, mas também pela natureza rochosa bruta e primitiva. Eles nos lembram que ainda estamos submissos ao magma do planeta e que a gravidade é uma lei que nos manterá assim por muitos milênios.

Disseram-nos que, dependendo da rota escolhida, encontraríamos na Mantiqueira, bem como nas outras serras, muitos sitiantes que ainda viviam espalhados nas encostas. São sobreviventes que não sentiram muito as mudanças que haviam ocorrido nas cidades próximas, não como nós. Eram pequenos proprietários de hábitos rústicos que não dependiam muito da vida moderna e urbana, adquirindo nas cidades somente o estritamente necessário para evitar contatos e desperdícios.

O contato com essas pessoas simples era recomendado no manual, desde que nossa presença fosse acolhida com naturalidade. De outra forma, só em caso de extrema necessidade.

O manual dizia que a nossa incapacidade de ler os fenômenos da natureza deveria ser recuperada pela observação constante e também com a experiência desses habitantes rurais. Será que eles saberiam ler a natureza tal qual ela está hoje, muito diferente daquela natureza que os avós deles conheceram?

Passamos o primeiro período do dia conversando sobre o rumo que tomaríamos depois de deixar o litoral e subir a Serra do Mar. Desviamos da Grande São Paulo e também evitamos nos aproximar das antigas cidades que ficavam às margens das rodovias que levavam ao Rio de Janeiro.

Não queríamos entrar também nas grandes áreas urbanas de Minas Gerais, sobretudo porque não tínhamos muitas informações de como estavam as coisas por lá. Seguimos o manual, que recomendava encontrar trilhas alternativas, longe das estradas e cidades grandes.

Além do manual tínhamos recebido um mapa de algumas localidades onde havia centros de treinamento. Quando montamos o grupo de deslocamento nos foi sugerido que tivéssemos por meta atingir a Serra da Canastra ou a Serra do Espinhaço..

Outra alternativa era a região de Montes Claros. Antes de tomarmos essa decisão, poderíamos nos atualizar com informações em antigos núcleos da Aeronáutica, em São José dos Campos. Ali saberíamos como proceder diante de mudanças que poderiam acontecer elo caminho. Tudo era muito instável. Tomamos a direção de São José, mas ficamos longe das antigas rodovias.

Caminhamos vários dias até atingir uma grande área que pertencia ao antigo Centro Tecnológico Aeroespacial– CTA. A propriedade muito extensa e cercada de eucaliptos. Não sabíamos se poderíamos entrar, pois se tratava de um território militar e que certamente não estava mais sob o controle das Forças Armadas do Brasil. Mas ali poderia haver um núcleo de informações ou mesmo um centro de treinamento.

Vimos durante a caminhada diversas aeronaves pousando e levantando vôo, algumas delas, para a nossa surpresa, com formato e aparência totalmente estranhos ao que já havíamos visto. Fomos contornando os eucaliptos por uma pequena via asfaltada e tínhamos que encontrar rapidamente um local seguro para nos abrigar, pois já estava escurecendo. Novamente decidimos sair da estrada e acampar dentro da propriedade.

Estávamos sem água e ali deveria ter alguma fonte natural bem próxima, pois vimos revoada de pássaros. O problema foi rapidamente resolvido com o uso de um monitor portátil que cada um de nós recebera no centro de treinamento. O monitor lembrava os antigos telefones celulares com inúmeros arquivos e aplicativos úteis à nossa viagem. Nele estava o nosso manual, que sempre consultávamos em caso de dúvidas nas tomadas de decisões.

Havíamos recebido praticamente todas as instruções necessárias sobre o nosso roteiro e cada um de nós foi incentivado a se especializar em pelo menos uma atividade colaborativa para manter o grupo unido e seguro: alimentação; primeiros-socorros; higiene e cuidados com o vestuário e equipamentos de sobrevivência; abrigo e proteção; reuniões políticas e de estudos; e atividades de lazer. As reuniões de estudos eram as mais interessantes para mim e alguns outros companheiros, não só pelos conteúdos curiosos, mas sobretudo, pelo conforto e encorajamento às nossas questões íntimas.

As semanas que permanecemos no centro de treinamento foram gratificantes, reconstituindo em nós o sentindo e a ordem de convívio social, perdidos durante as tragédias. Mas sabíamos que não poderíamos permanecer ali por muito tempo porque a função dos centros era de socorro emergencial. Assim que atendiam e instruíam os abrigados, se deslocavam para outros lugares em busca de novas levas de grupos perdidos como o nosso.

Recebemos o necessário para a manutenção do corpo, porém a sobrevivência dos nossos espíritos deveria ser realizada no convívio, durante o percurso que traçamos juntos. Esse seria o nosso verdadeiro campo de provas. Como fomos agrupados mais ou menos por afinidade de sentimento e expectativas, nos foi sugerido que durante a viagem explorássemos o máximo de recursos de reconstrução psíquica e existencial, já que os nossos traumas tinham sido intensos e muito semelhantes. O medo e a desesperança eram um traço comum entre nós e precisaríamos de um suporte espiritual persistente, já que alguns membros do grupo tinham potencialidades psíquicas e também alta vulnerabilidade emocional.

Lemann havia sido escolhido por nós como nosso colaborador de estudos nesse campo. Ele seria muito útil numa atividade de aprendizagem que nos acompanharia durante o percurso, sugerida pelo próprio soldado-médico que nos conduziu ao centro de orientação. Nosso percurso até o nosso objetivo seria de mais ou menos 40 dias e, durante esse período, além das atividades cotidianas necessárias, seríamos, se fosse consenso, contemplados com aulas iniciáticas.

Aceitamos de imediato a sugestão, pois consideramos se tratar de uma ferramenta e recurso para avançarmos em direção ao que buscávamos no campo territorial. Ficamos em dúvida sobre esse caráter iniciático das aulas, assunto de que já tínhamos um conhecimento superficial, mas que gostaríamos de compreender melhor. Já instalados e prontos para o descanso noturno, Lemman nos propôs uma roda de conversa sobre iniciação espiritual, indo direto ao assunto, já que todos haviam concordado com sua aplicação. Ele pediu para que consultássemos no monitor eletrônico os arquivos que tratavam dessa atividade, o programa das aulas e o funcionamento das mesmas. Ele lembrou que já havíamos tido uma introdução de alguns conteúdos em conversas anteriores e que, de agora em diante, utilizaríamos essas informações para alterar de forma prática as nossas condições intimas em desequilíbrio.

No centro de treinamento fomos alertados muitas e muitas vezes que a prioridade era fortalecer os grupos, conhecendo, ajustando e harmonizando as semelhanças e diferenças entre seus membros. Para tanto seria necessário que cada um de nós, em situações reais de convívio, vencesse as barreiras pessoais pelo autoconhecimento. As teorias e informações seriam apenas pretextos para, juntos, curarmos os nossos medos, compreender os nossos anseios e organizar as nossas vidas em bases mais autênticas e duradouras.

Nesse primeiro encontro Lemman explicou e exemplificou

o conceito de iniciação, pois este seria o alicerce dessa escola itinerante. Ele mesmo seria um aluno facilitador, pois queria romper alguns limites pessoais e pendentes. Novamente o grupo percebeu que as decisões e escolhas teriam um peso muito importante na aprendizagem. As dúvidas poderiam ser esclarecidas nos arquivos ou então diretamente questionadas, para que todos se apropriassem do conhecimento. Cada explicação era imediatamente sucedida de relatos de vivências dos participantes, mostrando como eles se comportaram ou se comportariam diante das situações relatadas. A regra era simples: falar o que sente, deixando o pensamento em segundo plano. Não era tão simples assim, evidente, pois todos estavam acostumados a falar sobre os pensamentos com opiniões e considerações. O difícil seria falar sobre o que sentíamos, sem máscaras e rodeios.

O nosso instrutor-colaborador possuía experiência nesse sentido e sempre nos deslocava habilmente do intelecto exterior para a introspecção. Sempre que percebia algum bloqueio e fuga para as explicações teóricas, intervinha abordando diretamente o mundo íntimo dos participantes. Às vezes era constrangedor, mas o silêncio sempre nos protegia em caso de ferimentos íntimos. Poderíamos permanecer calados, se fosse conveniente.

Naquela noite o tema proposto parecia simples e fácil: Quem sou eu? Como me vejo?

Depois de alguns minutos em absoluto silêncio todos perceberam que não era simples nem fácil. Ficamos tentados a falar uns dos outros, mas isso era proibido. Tínhamos que falar sobre as impressões que tínhamos de nós mesmos. Lemman quebrou o gelo e falou sobre si, alegando que poderia estar exagerando em alguns aspectos e até mentindo em outros, mas que isso seria totalmente desnecessário e inútil, pois logo seria desmascarado. Queria nos descontrair e conseguiu. Logo estávamos tentando falar e nos definir ao mesmo tempo, como alguém que havia saído do próprio corpo para nos descrever perante os colegas. Olhávamos para os lados e não havia paredes ou janelas. Só árvores, arbustos e uma escuridão que se aprofundava quando não se conseguia mais distinguir a neblina e a floresta que nos rodeava.

Enquanto nos preparávamos para dormir, combinando quem faria a vigília naquela noite, ouvimos alguns ruídos de locomotores e também vimos luzes muito fortes se aproximando do nosso círculo.

Novamente fomos abordados por soldados, dessa vez um grupo menor e com uniformes um pouco diferentes. Não eram brasileiros, mas falavam português fluentemente, nos parecendo do norte da Europa, noruegueses ou finlandeses, pela aparência nórdica. No grupo havia duas mulheres e uma delas chefiava os demais, parecendo uma inspeção de rotina. Chamava-se Julie. Era simpática e prestativa. Perguntamos se eram de algum centro de treinamento, mas ela, a chefe, respondeu que eram do centro empresarial-militar próximo, cujo nome lembrava uma antiga fábrica de aeronaves de aviação civil. Perguntamos se havíamos ultrapassado algum limite e logo fomos informados que tudo estava bem.

Julie havia comunicado aos seus superiores que estávamos no Torrão de Ouro, na área da Francisca Júlia e que iria avisar os responsáveis pela propriedade. Também comunicou que já éramos um grupo de deslocamento treinado em busca de abrigo provisório. No mesmo instante a chefe ordenou que um dos soldados fosse até a sede da Francisca Júlia solicitar abrigo para nós. Poucos minutos depois o soldado estava de volta dando sinal positivo para o abrigo solicitado.

Seguimos pela estrada até chegarmos a Francisca Júlia, local que nenhum de nós nem imaginava o que poderia ser. No portão de entrada fomos avisados que o Dr. Peagno viria nos receber pessoalmente.

Era um jovem de baixa estatura, que parecia ser médico. Cumprimentou cada um de nós perguntando pelo nome e de onde tínhamos vindo. Chamava-se Fernando e nos disse mais tarde que era canadense e descendente de imigrantes brasileiros que viviam na antiga região de Vancouver. Viera morar no Brasil depois do grande resfriamento no hemisfério no norte, mas não quis ficar na região amazônica, como havia sido ofertado aos milhares de canadenses que migraram para o a América do Sul. Sua esposa, apesar de ser americana, preferiu viver de forma diferente, longe dos seus conterrâneos, e por isso vieram para a Francisca Júlia, um pequeno e muito curioso burgo fundado há muitos anos, próximo de São José dos Campos. Na verdade a vila se chamava Burgo Esperança, porém os moradores da região continuavam usando o nome mais antigo do lugar, um hospital psiquiátrico construído para tratar de suicidas. O Dr. Fernando Peagno era bisneto dos fundadores do Burgo Esperança e conheceu a região quando vinha passar férias na casa dos primos. Ficou muito feliz ao saber que éramos de Santos e São Vicente, cidades que conhecia que sentia muita tristeza ao saber que haviam sido completamente destruídas.

"Temos registros muito antigos aqui, fotografias, de vicentinos, santistas e paulistanos que faziam parte do corpo de voluntários da Francisca Júlia, o antigo hospital que deu origem ao burgo".

Ele nos contava tudo isso enquanto providenciava acomodações para o nosso grupo. Já era tarde da noite e, depois de acomodados, ele nos prometeu continuar a conversa na manhã seguinte. Antes de partir perguntei a ele quem eram os soldados que nos haviam conduzido ao burgo. Ele nos disse que era o pessoal da Saab-Boeing, a grande corporação aeroespacial vizinha do burgo. "Eles estão aqui desde a época dos meus bisavós e sempre nos ajudam nas dificuldades do burgo", disse o Dr. Fernando.

Quando fomos conduzidos aos alojamentos, não prestamos muita atenção ao que estava ao redor, pois já era madrugada, mas logo de manhã, assim que a claridade nos despertou, pudemos perceber com mais detalhes onde havíamos sido hospedados.

Não disse a ninguém o que havia se passado comigo, mas ao ingressar naquela local tive uma enorme e estranha sensação de bem estar. Estranha porque há muitos anos não sentia nada parecido e nem lembrava como era ser ou estar feliz e contente. Pela primeira vez em anos não senti medo antes de fechar os olhos para dormir, sem ter a preocupação de não acordar vivo ou então de reprimir a lembranças dos meus entes queridos que havia perdido no cataclismo.

Dormimos em camas com lençois e travesseiros. Tomamos banho em chuveiro de água quente. Nem no centro de treinamento tínhamos tido esse tratamento, que não era nenhum luxo, mas que não experimentávamos há muito tempo. Havíamos sido preparados para enfrentar sempre as piores situações e riscos e ali estávamos sendo tratados como hóspedes de um hotel. Tudo muito simples mas com um conforto indescritível. Os cães também foram acolhidos, alimentados e acomodados próximo dos chalés.

A noite foi de paz, tanta paz que pensei que era um sonho ou miragem que anunciava algum sofrimento próximo. Engano meu, fruto dos traumas. Acordamos bem cedo como o barulho de pássaros e conversas de alguns moradores que provavelmente iriam realizar algum tipo de trabalho. Até o cheiro daquele lugar era diferente e nos dava a sensação de proteção e acolhimento. Meu maior estranhamento foi a vontade que tive de orar antes de repousar o corpo na cama e também ao acordar. Parecia ter me curado da desesperança e do medo. Olhei para os colegas, os homens, pois as mulheres dormiram em outro recinto, e percebi que todos tinham um semblante diferente e tranquilo, tanto quanto desconfiados de todo aquele conforto.

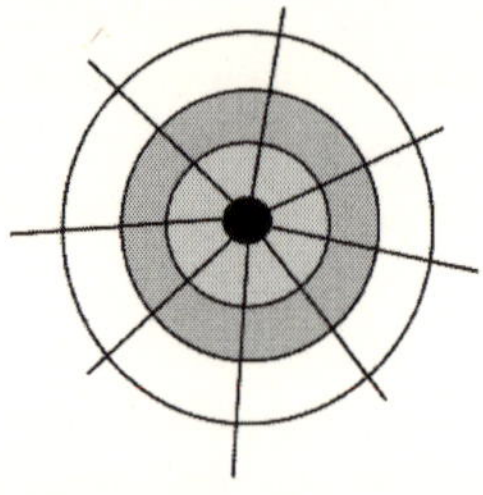

A claridade do dia não tinha a luz direta do sol. Uma chuva fina movia-se de um lado para outro por força de um vento frio e constante. Mesmo assim o verde das árvores e do gramado saltava aos nossos olhos, sobretudo quando entre as folhagens apareciam flores em tom rosa e lilás, muito parecidas com os pés de jacarandá que tínhamos visto na Serra do Mar.

Dormimos em três chalés de madeira construídos em cima de um morro, todos em frente de uma pequena casa de alvenaria que, pelo estilo antigo, era do século passado. Os chalés também eram muito antigos, mas estavam bem conservados, tendo ao redor jardins floridos e muito bem cuidados. Cada um deles tinha uma pequena varanda com cadeiras de descanso, de onde podíamos avistar as glebas vizinha e grande parte da região.

Tínhamos chegado ali levados por aqueles pequenos veículos usados em campo de golfe, mas não havia prestado atenção que havíamos descido uma ladeira para subir em direção ao morro dos chalés. Nos avisaram que às 8 horas poderíamos tomar café na casa de alvenaria, onde residiam o Dr. Peagno e sua esposa Doris. Enquanto esperávamos, fui andando em torno dos chalés tentando entender o relevo do lugar e as construções que ocupavam aquela vasta área, aliás bem acidentada.

Incrível, pensava comigo, tenho a nítida impressão que já conheço este lugar. Tudo me surpreende, mas ao mesmo tempo nada é estranho. Tentava recordar os sonhos que tivera com lugares parecidos e nada surgia na memória. No entanto, percebia, tinha em mente algumas cenas nas quais os chalés e outras edificações antigas estavam bem definidas nas minhas lembranças. Não saíam da minha cabeça os pavilhões de um hospital, construídos no local por onde entramos. Eles não estavam mais lá, mas quando meus olhos se dirigiam para a estrada, via-os nitidamente. Entre os pavilhões estavam os internados, alguns recolhidos em si e outros andando e conversando. Pode ter sido um sonho, mas não foi um sonho desses comuns.

Em pé e estático, de olhar fixo em direção à enorme cerca de árvores coníferas dos vizinhos do centro aeroespacial, só fui me dei conta da longa distração quando alguém tocou levemente meu ombro para lembrar que o café estava sendo servido na varanda da casa. Era o Dr. Peagno, que olhava sorridente e gentil, tentando adivinhar meus pensamentos:

– Ainda está preocupado com os funcionários da Saab-Boeing?

– Não, desculpe ter perguntado. É que tudo isso é novidade para mim.

– Só estou perguntando porque vi você andando até o portão de entrada durante a madrugada. Fui ao seu encontro e perguntei aonde ia e me respondeu que precisava achar a Estrada Bezerra de Menezes. Eu lhe disse que não havia nenhuma estrada com esse nome por aqui, mas você insistia que era na direção da cerca da Saab-Boeing.

– Meus Deus!!! Não me lembro de nada. Eu andei até lá?

– Sim, saiu do chalé e foi caminhando até o portão. A Doris ouviu o barulho e me avisou. Então segui você até lá. Pediu que não o levasse mais para o hospital e que precisava voltar para casa. Tinha coisas urgentes a resolver.

– Estava delirando...

– Não. Estava sonâmbulo. Falava tudo com ordem e clareza, mas deslocado da sua consciência comum. Perguntou do Luizinho várias vezes. Quem é Luizinho?

– Não sei. Agora me lembro. Não era você?

– Eu sou o Fernando.

– Então era o Luizinho; falou comigo. Conversamos, sim. Fomos até o escritório dele. Me mostrou fotografias e até filmes do hospital. Disse que não poderia ir embora porque precisava cuidar da minha saúde. Realmente eu não estava bem, estava confuso. Mas você conhece o Luizinho, não?

– Talvez.

– Você estava muito preocupado com a família e disse que havia pedido para ir embora, mas não deixaram você sair. Então fugiu. Disse que um enfermeiro trouxe você de volta. Conversaram bastante e voltaram para ver o Luizinho.

– Era o Zé Benedito. Meu amigo. Gente muito boa. Dizia que não era bom a gente sair andando sozinho por aí. O Zé era muito bom. Cuidava da gente com muito carinho, muito amigo. Mas não lembro direito quem era o Zé, se conheço ou se foi sonho.

– Sabia que era sonâmbulo?

– Não. Não sabia. Mas fiquei assim algumas vezes quando era criança. Saía do quarto e fica na janela da sala chamando meus amigos. Minha mãe dizia que era febre alta, delírio. Às vezes saía de casa e só descobriam quando algum conhecido me via batendo palmas na frente de alguma casa, chamando alguns nomes; e me trazia de volta.

– Foi exatamente isso que você teve ontem. Chamava pelo Luizinho. O tempo todo. Ele era seu médico?

– Não, mas era bem parecido com você. Só que tinha cabelos brancos, bem mais velho. Eu já dormi nesse chalé outras vezes. Estranho, né?

– Vamos tomar café. Depois vou lhe mostrar o Burgo. Vai gostar.

A varanda da casa de Fernando e Doris também não me era estranha. Quando chegamos, as mulheres do nosso grupo já estavam em franca conversação com Doris e algumas voluntarias do Burgo, que vieram especialmente para nos conhecer e ajudar no café de boas vindas. Elas ficaram praticamente em torno de Víbia, bastante alegres, por causa da gravidez, e curiosas para saber como ela conseguira fazer uma viagem tão longa e cheia de riscos. O tom da conversa oscilava entre as coisas de que podiam falar e rir abertamente, em voz alta, como também, em volume mais baixo, os costumeiros segredinhos, sempre com aqueles conhecidos olhares de cumplicidade feminina.

Fizemos uma refeição simples e farta, que nos deixou satisfeitos e surpresos pela diversidade de alimentos de que pouco ou nunca fazíamos uso em nossos costumes. O mesmo se repetiria no almoço, uma dieta completamente diferente na qual não identificamos nada de origem animal. Já tínhamos sido instruídos sobre isso durante a nossa estadia no centro, mas não tínhamos visto em funcionamento nem tido a oportunidade de colocar em prática, por causa das condições do deslocamento. Durante o percurso praticamente consumíamos vitaminas em cápsulas e alimentos compactados a vácuo, para serem reidratados, fornecidos por corporações militares. Todos ficamos muito felizes por termos comido pães caseiros, um alimento tão apreciado por suas virtudes nutritivas e também pelo seu forte simbolismo cultural.

Terminado o café, Doris e marido nos conduziram para o amplo jardim que ligava a casa deles com os chalés. Sentamos em círculo, cheios de curiosidade e expectativa. O Dr. Peagno agradeceu a todos pela visita e pela oportunidade de nos acolher, lembrando a condição de todos como sobreviventes de uma época tão difícil, marcada por tragédias e dores, mas também da nossa condição e obrigação solidária diante do sofrimento humano.

"Ter em nosso núcleo um grupo de deslocamento implica em colaborar com sua jornada de sobrevivência e também de aprendizagem com a busca de novos horizontes que cada um de vocês traçou em seus destinos".

Explicou que o Burgo Esperança conseguiu sobreviver porque já era uma exceção à regra da sociedade vigente e que, portanto, não ingressariam, salvo por razões de ordem política acima do controle deles, no movimento geral de deslocamentos. Ali permaneceriam até quando fosse possível e necessário.

"Nossa comunidade já é um modelo de sobrevivência e organização para muitos grupos com as mesmas características humanas e que buscam estabelecer-se em base semelhantes. Por isso, muitos grupos como vocês passam por aqui para trazer contribuições e também aprender e reproduzir em outros lugares a nossa experiência de trabalho e convívio. Tudo no Burgo é baseado nos conceitos de harmonia e sustentabilidade, ideia simples, eficaz e há muito conhecida, mas que, somente agora, nesses tempos difíceis, pudemos colocar em prática".

Conversamos sobre muito assuntos, sob diversos aspectos, e também de tudo o que acontecera nas últimas décadas, trocando muitas ideias e impressões. No tocante ao problema da alimentação, algo muito presente e preocupante nesses novos tempos, debatemos, divergimos e convergimos em muitos pontos. Entretanto registramos com muita atenção e reflexão uma interessante explanação de Doris sobre o histórico das culturas alimentares e as mudanças de mentalidade ocorridas na transição do século. Ela lembrou a todos que a grave crise agroindustrial, que assolou o mundo e semeou a fome em todo o planeta, finalmente permitiu que enxergássemos os nosso hábitos de forma totalmente diferente dos últimos séculos.

"Os animais, sobretudo os mamíferos, estão na mesma condição de dor e sofrimento dos humanos, com a agravante de não saberem porque sofrem. Por isso, há muitos anos, atendemos aos apelos das novas orientações e ensinamentos nesse campo para não consumirmos mais carnes, para não aumentar neles as tensões terríveis geradas pelos sacrifícios causados exclusivamente por uma suposta e questionável necessidade de proteínas ditas insubstituíveis. Respeitamos as condições da necessidade extrema, mas já nos sentimos também em condição de não mais incentivar em nosso meio o consumo animal. Cremos também, mesmo com as novas tecnologias de produção, que a nossa postura era e continua sendo um exercício de respeito e amor pelos nossos irmãos inferiores".

Doris se referia à produção digital de carnes a partir de matrizes genéticas, que eliminava o sacrifício do abate em massa, porém estimulava o consumo de produtos ainda nocivos à saúde. Os danos causados ao meio ambiente pela pecuária extensiva já eram conhecidos e essa prática já havia sido eliminada em muitos países. Restava agora implementar gradualmente no mundo uma nova base de educação alimentar.

Terminado o bate-papo, o Dr. Peagno fez uma exposição sobre o Burgo Esperança, assunto que todos esperavam ansiosamente, pois essa experiência poderia influir significativamente em nossos projetos para o futuro. O anfitrião tinha em mãos um pequeno projetor e imediatamente abriu ao seu lado uma enorme tela virtual na qual víamos toda a área e as edificações do burgo que nos hospedava. Fez um breve histórico das origens daquele conjunto, desde a doação da gleba original e de outras doações de chácaras vizinhas, observando que os antigos proprietários doadores sempre foram motivados por razões espirituais.

O burgo era uma reprodução material de uma organização urbana descrita em um livro psicografado por uma escritora muito conhecida entre os espíritas. Foi construído em etapas, ocupando o espaço à medida em que surgiam necessidades de socorro e atendimento aos pacientes portadores de doença mental e de alta potencialidade suicida.

Com o passar dos anos o Burgo tornou-se referência de pesquisa e tratamento terapêutico, atraindo cientistas e pacientes de todo o país e também do exterior. Foi pioneiro na restrição do uso de medicamentos químicos e na adoção de métodos alternativos de acolhimento, convívio e socialização dos educandos. Esperança tornou-se com o tempo uma grande organização educacional para treinar profissionais de inúmeras áreas e orientar pacientes em busca de autonomia psíquica e social.

Com o advento do cataclismo que atingiu todas as cidades da região, o burgo não somente sobreviveu aos incidentes naturais, mas também teve que se adequar para socorrer as vítimas e prepará-las para as transformações que ocorriam. Essa demanda forçou a aceleração das etapas de expansão, sobretudo na organização agrária sustentável, que passou ser a base principal de manutenção da nova cidade. Os antigos colaboradores do burgo, educados em bases espiritualistas, já usavam esses conhecimentos nas aplicações terapêuticas e, com o passar dos anos, estenderam seus conhecimentos, pela intuição e contatos mediúnicos com inteligências desencarnadas, para descobrir soluções em diversas áreas de pesquisa.

O burgo tornou-se um celeiro de tecnólogos revolucionários em diversos campos e segmentos. Muitos deles haviam sido pacientes, acolhidos com graves distúrbio emocionais e, recuperados parcialmente, eram lançados no trabalho para redescobrirem suas potencialidades. A maioria eram estudantes ou profissionais que não se adaptavam ao sistema competitivo das organizações empresariais, mas ali conseguiam redirecionar sua criatividade em novos projetos.

Foi assim que o burgo foi se configurando como uma cidade universitária, com suas academias especializadas. Atualmente a prioridade das academias é formar grupos de ocupação territorial em bases sustentáveis.

Descobrimos durante a apresentação do Dr. Fernando Peagno que os centros de treinamento no qual fomos acolhidos e organizados era produto das academias do Burgo Esperança. Nossa tarefa agora era reconhecer os conhecimentos obtidos e partir para a multiplicação dos conceitos e vivências aprendidas. Isso explicava a nossa presença e o acolhimento que tivemos naquele lugar.

O Dr. Fernando terminou sua explanação e logo nos convidou a fazer um "tour" pelo Burgo, prometendo responder a perguntas e esclarecer dúvidas enquanto caminhávamos.

Ao contornar os chalés já pudemos vislumbrar um grande vale cortado por alamedas e algumas vielas nas quais foram construídas as academias e as residências terapêuticas. O terreno do Burgo era bastante acidentado e irregular, porém ocupado por uma floresta densa e perfumada, de pinheiros e eucaliptos. Nas partes baixas havia muitos arbustos, também densos, porém floridos, dando leveza ao verde intenso que caracterizava o gigantesco arvoredo que nos rodeava.

Durante a descida por uma das alamedas fomos identificando aos poucos algumas cúpulas dos edifícios mais altos, o que fez com que o Dr. Peagno complementasse suas explicações e respondesse a algumas perguntas.

"Esses edifícios mais altos são as Academias, nossos principais núcleos de pesquisas e geradores de conhecimento. Elas foram idealizadas no mundo espiritual, porém erigidas sob a concepção e projetos dos próprios fundadores de cada uma delas. São cientistas, artistas, filósofos, educadores de todas as áreas do conhecimento, que se agrupam por afinidade de objetivos fazendo um percurso diferente da universidade tradicional. Eles usam as especialidades para reunir saberes e não para fragmentar conhecimentos e práticas. As academias têm suas marcas e preferências, mas mantêm um diálogo permanente de colaboração e troca de experiências. Todos que aqui estudam e pesquisam passam necessariamente por todos os núcleos, nos quais serão formados e levarão referências para suas respectivas áreas de atuação".

Avistamos duas grandes torres, em formato piramidal, que se destacavam entre as cúpulas das academias. Eram dois grandes templos de meditação. A primeira torre, Kronos, lembrava um grande relógio, indicando o tempo objetivo das existências e dos ciclos biológicos. A segunda torre, Kairós, era a fiel reprodução de uma bússola, indicando o tempo ou o norte das consciências.

"Nessas torres– esclareceu o Dr. Fernando – nossos alunos, pesquisadores e colaboradores fazem suas meditações e reflexões, diárias ou semanais, buscando inspiração e resolução para suas equações íntimas e também exteriores. Cada uma delas foi concebida, construída e decorada para provocar e liberar as energias mentais, deslocando os frequentadores, pelo despertamento, para outras experiências fora do seu cotidiano. É claro que isso poderia ser feito nos seus alojamentos e também em contato com a natureza, mas um ambiente arquitetônico sempre proporciona o conforto e intimidade necessários à introspecção. Também utilizamos as torres para a realização de eventos artísticos e cerimoniais".

Uma população de 800 habitantes vive atualmente no Burgo Esperança, mas a pequena cidade pode abrigar até 1200 pessoas, conforme o guia que recebemos em nossos monitores digitais. Nele encontramos detalhadamente cada um dos setores e o funcionamento das atividades ali exercidas. A população de crianças e idosos parece ser proporcional. As crianças são educadas em institutos pedagógicos e grande parte delas são órfãos adotados por moradores ou vivem num Lar social, até que sejam adotadas. Os idosos que não conseguem manter sua autonomia também são acolhidos por moradores. Não existem asilos ou abrigos permanentes para eles. O Burgo também não possui cemitério nem serviços e cerimoniais fúnebres. Não são permitidos velórios particulares e todos os trâmites legais e sociais pós-morte, incluindo as despedidas familiares, são realizados e resolvidos no hospital. Os corpos são cremados também no hospital e recebem tratamento sanitário normal. As cinzas podem ser preservadas e entregues aos entes, se for da vontade deles, o que não é muito habitual.

O Burgo foi dividido em dois setores: o setor de moradias e convívio, com edificações distribuídas de acordo com as necessidades dos moradores; e o setor de trabalho, onde se localizam as Academias e institutos de suas especialidades.

Os edifícios das academias não seguem um padrão arquitetônico comum. Cada uma deles foi pensado e construído pelos próprios acadêmicos, de acordo com a natureza do conhecimento ali cultivado e seus respectivos objetivos. Tanto os prédios como as suas funções também são mantidos pelos acadêmicos, por um sistema de governança autônoma.

As Academias com seus princípios titulares – Moral, Filosofia, Ciência, Psicologia, Educação, Cosmogonia e Esperanto – foram erigidas em diferentes lugares do setor de trabalho, atendendo às particularidades dos cursos oferecidos em seus institutos. Estes, segundo nos foi informado, ofertam as seguintes disciplinas e linhas de pesquisa: Gênese Planetária; Pré-História; Evolução do ser; Imortalidade da alma; A tríplice natureza humana; As faculdades da alma; A lei das vidas sucessivas em corpos carnais terrenos, ou reencarnação; Medicina psíquica; Magnetismo e noções de magnetismo transcendental; Moral cristã; Psicologia e Civilizações terrenas. Segundo o Dr. Fernando, as atividades dos institutos são rigorosamente controladas por técnicos especialistas, pelos mentores responsáveis dos alunos admitidos e pelos conselheiros supervisores dos estabelecimentos. O ingresso no Burgo e nos institutos é de atribuição exclusiva de um Conselho Geral.

Chamou-nos a atenção para o currículo de um curso para médiuns oferecido na Academia de Psicologia, especificamente no Instituto de Ciências Psíquicas. Ali vimos, na companhia de Doris e alguns colaboradores, algumas experiências muito curiosas sobre vidas passadas e reencarnação, nas quais os pesquisadores faziam prospecções nos planos existenciais de alguns pacientes. Eles conseguiam identificar, por meio de médiuns treinados, não somente os elementos da memória dos reencarnantes, mas também a procedência (colônias), os prontuários, vínculos familiares e sobretudo a base probatória transformadora que o paciente deveria manter como prioridade.

Na Academia de Ciências as pesquisas e aplicações estavam dirigidas para diversas áreas do conhecimento. Entretanto, nos foi explicado que, diante das grandes transformações climáticas e geológicas, os técnicos se concentraram nos estudos de proteção ambiental e na produção de alimentos. Era urgente garantir a sobrevivência do burgo e do entorno nesse momento crítico do planeta. Para tanto, nada mais sensato e seguro do que seguir as leis da natureza, com suas possibilidades e limites.

O Burgo já possuía uma organização social independente, incluindo moeda e sistema de trocas, o já conhecido bônus-hora, que regulava as relações de produção e consumo, por mérito de trabalho. No entanto, com as mudanças em curso, foi necessário implementar novas forças de trabalho visando ao equilíbrio no abastecimento. Os institutos responderam prontamente com um projeto conjunto que envolvia todos os habitantes, divididos em duas frentes operacionais, Agricultura e Coleta.

Na frente agrícola a produção foi concentrada nas práticas tradicionais de uso do solo e ampliação da hidrologia, realizada em grandes estufas e pensando na constante instabilidade climática. O armazenamento de alimentos tornou-se mais eficiente, com mais durabilidade para os produtos.

Mas a novidade que nos surpreendeu foi o trabalho desenvolvido na Frente de Coleta. Neste setor os técnicos criaram um sistema de integração com a natureza por meio do plantio de frutas, legumes e raízes, em harmonia com o próprio ecossistema ali existente. O plantio e coleta florestal acontecia regularmente e sob rigoroso controle ambiental, prevendo as necessidades do burgo e também da floresta. Tanto o plantio como a coleta eram realizados por todos os habitantes, sem exceção, reunidos num mutirão, de muito trabalho e alegria. Alia não havia os caprichos do isolamento.

A liberdade individual era permitida, mas sem os excessos egocêntricos. O evento tornou-se com o tempo um motivo de satisfação e alegria para os participantes. Eram "As Entradas", assim chamadas, que também se tornaram ótimas oportunidades de estudos e aplicações pra os institutos de ciências. Nelas também havia momentos de lazer para todas as idades, em contato mais direto com a natureza. Nas Entradas realizavam acampamentos, de duração mais longa, e os acantonamentos, que duravam apenas durante o dia. Também nas atividades florestais estavam incluídas a produção apicultora e uma grande diversidade de raízes e ervas medicinais.

Questionado sobre a renda e consumos dos habitantes, o Dr. Peagno nos esclareceu que todas as atividades eram remuneradas pelo bônus-hora, que era o principal regulador monetário. A única exceção eram as Entradas, cujas horas de trabalho eram doadas ao burgo. Para estudantes de todos os graus, eram concedidos créditos escolares em diversos formatos, como estágios, relatórios de estudos, promoções de grau, etc. Doris aproveitou para informar que esses eventos coletivos eram de grande valor, pois nesse convívio, além da troca de experiências comuns e científicas, realizava-se o compartilhamento do amor ao próximo por meio da solidariedade e do companheirismo.

Os grupos de semeadores e coletores eram também animados por músicos, poetas, atores e artistas plásticos, que davam ao evento um tom festivo e fraterno, despertando nos participantes o pendor para a beleza e a sensibilidade.

O casal garantiu a todos o que teríamos a oportunidade de experimentar, *in loco*, todas as atividades relatadas por eles.

– Quanto tempo vamos poder permanecer aqui? – Perguntei para o Dr. Peagno

– O quanto for necessário para que tenham desfrutado das experiências que serão mais úteis para a realização da sua tarefa e objetivos futuros. Creio que dois meses serão suficientes para complementar o treinamento recebido nos centros de orientação, que vai coincidir também com a realização da segunda Entrada florestal.

– Se algum de nós quiser ficar, poderemos?

– Sim, nada os impede, mesmo porque já receberam o treinamento básico. Isso vai reter também um pouco mais o grupo, até que ele receba um substituto para realizar o deslocamento. É claro que isso seria feito em caso de uma necessidade irreversível, como é, por exemplo, o caso da gravidez de Víbia. Ela já está em observação. Os idosos e crianças teriam prioridade nesse caso também. O Burgo é sempre um ponto de acolhimento e de passagem, bem como de treinamento para a retomada dos nossos territórios. Somos uma rede que luta pela reconstrução do Brasil em novas bases e precisamos criar núcleos eficientes de reocupação e desenvolvimento. Nossos novos vizinhos precisam de parceiros organizados e temos que aprender e defender, como eles fizeram no passado, a ideia do Destino Manifesto.

– Parece-me que realmente temos uma missão política.

– Sim, missão de alta relevância, porque fomos pegos de surpresa e precisamos reconhecer o nosso papel nesse novo contexto. Amanhã teremos um encontro na Academia de Filosofia e creio que o instrutor nos reserva importantes informações sobre esse tema.

Naquela manhã percorremos as principais alamedas do burgo, todos encantados com a beleza do lugar e o cuidado em cada detalhe das edificações, equipamentos e caprichos ornamentais. Em diversos pontos da área urbana e também rural víamos muitas torres de energia eólica

Em alguns momentos o Dr. Peagno se afastava do grupo para atender chamados e Doris dava continuidade ao nosso passeio de reconhecimento. Só paramos quando fomos convidados para um café no refeitório do Instituto de Produção e Abastecimento. Doris queria que conhecêssemos a cozinha experimental, da qual era uma das idealizadoras e atuante pesquisadora. Fomos recebidos com muita alegria pelos colaboradores, que faziam de tudo para nós agradar e explicar o funcionamento da cozinha e do restaurante. Ali era a vitrine de reconhecimento de todas as pesquisas realizadas na área de alimentação.

Depois do café fomos até o depósito de alimentos, um enorme barracão de aparência rústica em cujo portão de entrada havia uma placa de identificação: Secos e Molhados. O prédio tinha a aparência dos antigos galpões industriais, com paredes de tijolos e coberto de placas que lembravam telhas de barro. Ao entrarmos vimos um outro ambiente, bem diferente da aparência externa, com paredes brancas bem altas iluminadas por claraboias e refletores espelhados. Era um grande armazém com uma infinidade de equipamentos de estocar e conservação. Doris explicou que havia outros depósitos como esse, construídos em lugares estratégicos, sempre protegidos. Cada um deles possuía uma cozinha e um refeitório. No burgo era proibido o uso de qualquer tipo de produto combustível e toda energia consumida era proveniente de usinas compactas, que também alimentavam aquecedores hidráulicos.

Concluída a visita ao depósito, voltamos ao refeitório, onde teríamos lições diferenciadas sobre produção e consumo de alimentos. Vimos cada uma das fases da escolha dos produtos e preparação das refeições. Terminado o almoço fomos incluídos entre os servidores para realização do serviço de limpeza. Todas as embalagens e talheres usados eram reutilizáveis, depois de higienizados num recipiente a base de vapor e resfriamento. Não vimos nenhum coletor de lixo e restos de comida. As refeições eram servidas na medida exata, quantas vezes fosse solicitado. O cardápio do refeitório era exposto em grandes painéis exibidos na entrada e nas paredes, com sugestões nutricionais para combinação e composição dos pratos. Nenhum de nós estranhou esses procedimentos, pois eram exatamente os mesmos que tínhamos visto nos centros de treinamento, com a diferença de que no burgo tivemos acesso aos bastidores da produção e detalhes do preparo das refeições, aprendendo cada etapa dos serviços.

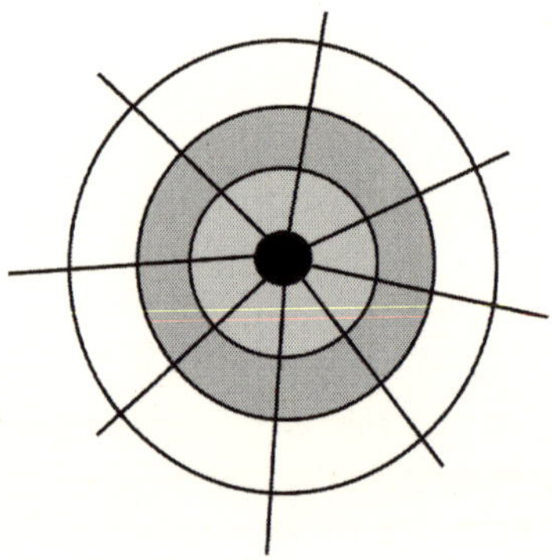

# 4 As Torres do Tempo

Saímos do refeitório e fomos em direção ao extremo norte do burgo para conhecer as duas grandes Torres. Lá poderíamos descansar das atividades da manhã, que haviam sido intensas, e digerir o almoço, embora tivesse sido leve e bem dosado. A intenção dessa visita estava muito além da simples curiosidade turística. Na verdade, faríamos uma reflexão para compreendermos melhor outras experiências pelas quais passaríamos nos dias seguintes no Burgo Esperança é também a nossa missão na região central do País.

As torres piramidais ficavam na encosta de um pequeno vale, quase escondidas dentro da floresta. Podiam ser vistas de qualquer parte do Burgo, posicionadas em destaque, bem acima da planície estreita onde estava a maioria dos edifícios funcionais e as residências. A localização delas lembrava as antigas polis gregas, cuja parte superior sempre está reservada aos templos, como o Parthenon de Atenas., pois também tinha a função sagrada de ligação com os planos superiores da vida.

Seguimos pela avenida principal, que terminava pouco antes da encosta onde estavam as torres, dividida por uma bifurcação, como que simbolizando o destino, com as nossas escolhas e decisões. Caminhamos em conversa animada, cheios de dúvidas e expectativas quando, de repente, paramos e olhamos para Doris. O grupo ficou estático e em silêncio, o mesmo silêncio que era dominante naquele trecho isolado da grande avenida, onde só ouvíamos os barulhos da natureza. Doris olhou em direção às Torres, uma de cada vez, sugerindo que também estava indecisa. Imitamos a nossa querida guia, que esperava que alguém se manifestasse e tomasse alguma iniciativa. Vendo que não decidimos, ela aproveitou para nos dizer a que a visita deve ser sempre precedida de uma reflexão sobre os motivos da nossa presença ali.

"Procurem descobrir interiormente qual delas nos atrai mais e qual pode nos dar as melhores respostas para as nossas dúvidas. É claro que não será tão simples assim, mas fazendo a escolha refletida, pelo nosso propósito primordial, seremos contemplados por experiências muito gratificantes. Depois poderemos inverter as escolhas e experimentar outras perspectivas".

Dizendo isso, ela fechou os olhos, abaixou a cabeça e permaneceu assim por alguns segundos, dando tempo para que também fizéssemos o mesmo. A anfitriã então abriu os olhos e dirigiu-se par Kairós, sendo seguida por alguns de nós. Eu e outros colegas escolhemos Kronos.

O silêncio continuou durante a caminhada até a base das torres, mesmo porque percebemos que Doris assim procedeu após fazer a sua escolha. Fomos nos separando e nos observando, imaginando o que se passava no mundo íntimo de cada um e o que encontraríamos nas pirâmides.

A base de Kronos era um gracioso jardim japonês, com pequenas pontes construídas sobre tanques de água límpida e animada por carpas coloridas. Impossível não parar e apreciar aqueles acessos protegidos por touceiras de bambu e belíssimas plantas e pedras ornamentais. Tudo indicava que estávamos entrando em um outro mundo. A água corria entre as pedras e sob os nossos pés, afunilando-se sob a s pontes, talvez pra lembrar que o tempo passava rapidamente diante dos nossos olhos.

Ultrapassando as pontes, encontramos escadarias em declive, que nos conduziam a uma enorme varanda ornamentada por plantas e decorada com réplicas de relógios de diversas épocas e diferentes povos. Encontramos ali, como também na parte interna, muitos idosos desfrutando da beleza do ambiente e do conforto das instalações. Alguns jovens, sozinhos ou em grupo, também eram vistos nas duas Torres.

Vimos poucas crianças, em idade de colo, carregadas pelas suas mães. As portas de acesso eram altas e em formato de grandes ampulhetas, no interior das quais havia água cujos tons de cores e luzes mudavam de acordo com o avanço dos minutos e horas. Todo o interior era decorado por objetos e painéis que ilustravam os ciclos e ritmos da natureza: os ventos, correntes, marés, luas e as estações do ano, tudo sugerindo mudanças e transformações.

Olhando para o vértice da pirâmide, cuja altura era de uns vinte metros, via– se vitrais exaltando os três reinos, os quatro elementos e criaturas humanas em posição superior e de despertamento. Os vitrais narravam a evolução anímica pela conhecida analogia oriental: "Dormimos no mineral, sonhamos no vegetal e acordamos no animal".

Em cada uma das quatro bases, ilustrando o grande círculo desenhado no chão, e que lembrava um relógio desenhando quatro fases, estavam as estações da existência: a infância, iniciada pelo nascimento, com suas fantasias, sonhos e fragilidades; a juventude com as suas forças físicas e ilusões; a vida adulta com as forças produtivas, desejos e desilusões; e finalmente a velhice, a degeneração das forças, a resignação e a certeza da morte do corpo.

Cada uma das bases possui motivos decorativos e artísticos, bem como equipamentos digitais que nos remetem às três dimensões simples do tempo, com a intenção de nos fazer explorar a memória da nossa existência, em suas respectivas fases. Era o encontro do passado e do presente, no qual as lembranças e reminiscências poderiam nos impulsionar, ou não, para novas experiências.

Uma grande tela se configurava em uma planilha cronológica, ano a ano, ao inserirmos a data do nascimento. Os anos deveriam preenchidos com fatos marcantes. Nenhum ano poderia ser deixado em branco. As falhas de lembranças eram mostradas como pontos críticos, equações factuais, e que tinham alguma explicação, por ser fútil e insignificante ou então porque ocultava algo que não tínhamos disposição íntima para recordar. A planilha facilitava o preenchimento apontando num campo lateral os principais acontecimentos públicos de cada ano.

Diante das dificuldades ainda nos questionava coisas triviais que poderiam despertar lembranças e associar fatos: nomes de colegas de infância, a primeira professora, viagens, fatos trágicos na família ou na vizinhança, animais de estimação, festas, enfim, tudo que pudesse servir de pretexto pra lembrar coisas importantes. De posse das nossas trajetórias, o arquivo era transferido pra os nossos monitores pessoais no formato de um relatório contendo assertivas de como deveríamos proceder diante das lacunas e de outros pontos críticos que eventualmente poderia ter nos causado algum tipo de constrangimento ou abalo emocional.

Tive a nítida impressão de que não estávamos sozinhos realizando essas experiências, pois em alguns momentos percebi pensamentos e sugestões que não eram minhas. Perguntei para os demais e todos confirmaram a mesma impressão.

"O que aconteceu com você e com eles foi justo e necessário e não há culpados ou responsáveis exclusivos. Iria acontecer mais cedo ou mais tarde. Lembre-se que tudo foi uma escolha antes que tomassem posse dos seus corpos", foi um dos pensamentos que persistiram quando me pegava declinando de certas recordações incômodas.

No final de cada relatório constava uma recomendação: "Esta cronologia pode ganhar outros significados quando comparada com o relatório de experiências psicológicas. Visite a Torre Kairós".

Permanecemos ali por mais de duas horas, agora desfrutando de músicas suaves cujas melodias imitavam sons da natureza. Era o tempo necessário para organizar as informações. Tempo curto para uns e longo para outros.

Saímos de Kronos quase todos juntos e fomos para o ponto de encontro combinado, na bifurcação dos caminhos das Torres. Ali encontramos os amigos e ficamos sabendo que não visitaria o Kairós e nem eles visitariam Kronos. Retornaríamos no dia seguinte, para dar tempo ao tempo, até que as atividades daquela tarde se adaptassem melhor às nossas necessidades interiores.

Trocamos algumas impressões, o que muito contribuiu

para aguçar a nossa curiosidade sobre a torre não visitada, mas a impressão geral era que todos sabiam que estavam psicologicamente alterados, alguns muito abalados, com os olhos mareados de lágrimas de saudade e lembranças perturbadoras. Alguns permaneceram em silêncio, impactados por alguma lembrança. Doris nos lembrou que as visitas às Torres eram sempre de despertamento, provocado por nós mesmos ou por inteligências invisíveis, preocupadas com os nossos sofrimentos e angústias, interessadas em nos ajudar na busca de novos caminhos. O desequilíbrio emocional era momentâneo, necessário para realizar outras etapas da aprendizagem.

A volta foi mais tranqüila, sem aquela agitação e ansiedade anterior à visita. O Burgo parecia mais acolhedor e cada vez mais belo, apesar de tudo ali ser simples, mas de muito bom gosto. Tudo seguia uma rotina que aos olhos dos visitantes parecia ser tudo diferente do que conhecíamos e que lembrava muito os relatos sobre as colônias do mundo espiritual.

Lembrei dos livros de André Luiz, apresentando Nosso Lar e seus ministérios. No caso do Burgo Esperança ficou bem claro o esforço vitorioso dos habitantes em reproduzir com o máximo de fidelidade as descrições feitas por Camilo Castelo Branco e Yvone Pereira, no livro *Memórias de um suicida*. Nosso Lar estava na dimensão astral no Rio de Janeiro, disso ninguém tinha a menor dúvida. Mas sobre o burgo Esperança não havia nenhuma informação publicada sobre sua localização astral, não que fosse do nosso conhecimento. Não sabíamos se ficava em Portugal, no Brasil ou em alguma antiga colônia portuguesa da África ou da Ásia. Conversei com Lemman e ele sugeriu uma consulta ao livro. Reagi com ceticismo dizendo que já tinha lido o livro e que realmente não havia nenhuma indicação explícita sobre isso. Lemman sorriu e argumentou: "Pode estar nas entrelinhas, nunca se sabe..."

Consegui um arquivo na biblioteca do burgo e iniciei a busca. Era uma edição de 2013. Usando numa ferramenta textual, busquei acidentes geográficos e localidades. Das várias opções de páginas indicadas, a 421 do capitulo 18– "Conhece-te a ti mesmo" – continha um trecho muito interessante narrado por Camilo, no qual se expressava, cheio de respeito e pavor, sobre a aula magna do Venerando Epaminondas de Vigo, ministrada em um dos palácios da Avenida das Academias. Especificamente a Escola de Ciência da Universidade do Burgo Esperança. Li e reli o capítulo ao menos umas três vezes, pois o linguajar erudito do célebre escritor português era para mim indecifrável, embora entendesse as orações construídas. O problema era como ele compunha as frases, dando a impressão de querer revelar certas coisas ainda proibidas aos leitores encarnados, por meio de jogo sintático.

Encontrei nesse parágrafo a informação que talvez pudesse me dar a resposta perseguida.

> Tudo presenciamos: a centelha em ebulição, as trevas do caos, o aguaceiro e dilúvios aterrorizantes, os grandes cataclismos para formação de oceanos e rios, o maravilhoso advento dos continentes como o nascimento das montanhas majestosas, cadeias graníticas eternas como o próprio globo, tão conhecidas e amadas por aqueles que na Terra têm feito ciclo de progresso: os Alpes sobranceiros quais monarcas poderosos desafiando as idades, os Pirineus graciosos, o Himalaia e o Tibete venerados, a Mantiqueira sombria e majestosa...

A aula de Epaminondas tinha intenção de deslocar a visão de mundo dos alunos suicidas, plana e rasteira, atraída ao magma pelo gesto de autodestruição, para outras dimensões históricas. De certa forma era o que acontecia com a gente. Havíamos "morrido" no grande cataclismo, sem abandonar nossos corpos físicos, e precisávamos renascer em um outro mundo ou reino divino, das nossas consciências. Por isso passamos pelo Torrão de Ouro e fomos acolhidos na Francisca Julia, quase aos pés da Mantiqueira, sombria e majestosa. Minha inquietação só diminuiu quando lembrei da promessa feita pelo Dr. Peagno, de que, à noite, assistiríamos a uma aula magna sobre cosmogonia e concepções sobre o Universo.

Outra curiosidade me incomodava: a questão dos extraterrestres, suas naves e sua enigmática presença em nosso planeta. Será que teríamos Informações mais concretas na aula de hoje?

Ainda não tínhamos visto nenhum OVNI no céu do Burgo nem da Mantiqueira, mas quando voltávamos para os chalés, nos deparamos com um animado grupo de jovens, todos portando equipamentos de observação celeste; usavam camisetas brancas estampadas no peito com uma simulação gráfica dos famosos buracos negros. Paramos e logo fomos apresentados por Doris. Eram membros do Clube de Astrofísica. A agitação espontânea entre eles era motivada pela dúvida de se haveria ou não a chance de visualizar durante a madrugada o misterioso Astro Intruso, visível apenas alguns dias do ano. Era uma previsão matemática e astronômica, mas que dependia, como sempre, das condições do céu. Imediatamente olhei intrigado para Lemman e novamente recebi como resposta aquele sorriso enigmático, tanto quanto aquele tão aguardado objeto de pesquisa do clube de jovens.

Diante do espanto dos demais, Doris interrompeu o encontro despedindo-se edo grupo e desejando sorte na incursão que fariam na madrugada. Não contendo o entusiasmo, um dos jovens gritou "Hercóbulus, aí vamos todos nós", despertando gargalhadas, protestos e brincadeiras acusatórias bem humoradas dos colegas. Vendo a nossa reação de espanto, Doris nos socorreu dizendo que o Clube de Astrofísica estaria presente na aula de hoje e o irreverente jovem humorista apenas brincava com a infinidade de nomes e apelidos para o planeta que ansiavam estudar: Hercóbulus, Absinto, Kiron, Chupão... A aula da noite prometia novas emoções e muitos conhecimentos.

Voltamos para os chalés, cheios de entusiasmo e expectativas. Doris convidou as mulheres e quem mais quisesse para preparar um lanche em sua casa, que faríamos antes da aula. Naquele intervalo de descanso, enquanto admirava a paisagem, percebi que Lemman e o Dr. Peagno conversavam animadamente. Me aproximei e fui recebido com o mesmo entusiasmo com que trocavam impressões.

– O assunto aqui é Nicolas Tesla. Certamente conhece, não?", disse Dr. Peagno.

– Sim, superficialmente. Sempre tive curiosidade, mas não passou disso, respondi.

– O Dr. Peagno é admirador e um grande conhecedor de Tesla, advertiu Lemman. Falávamos sobre energia e logo veio à tona esse nome. Você sabia que no Burgo Esperança existe uma réplica da famosa Torre de Tesla e – que fique apenas entre nós – um grupo de estudos psíquicos conseguiu contatar o Espírito Tesla, para realizar alguns esclarecimentos acerca dos seus trabalhos sobre diversos outros temas científicos?

– Estou espantado. Isso é surpreendente e muito instigante.

– Sabia que iria se interessar, disse Peagno.

– Mas a Torre não teve bons resultados quando foi lançada, não é mesmo?– observou Lemman.

– Verdade, concordou o jovem médico. Tesla era muito intuitivo e muitas vezes perdia a noção da diferença entre o mundo real e o mundo das ideias, onde vivia mergulhado, em função da sua ansiedade e das suas angústias de Espírito exilado num planeta estranho e numa cultura competitiva e pragmática para onde emigrara. Hoje a Torre tem um significado e uso bem diferente daquela época, na qual a ciência dava os primeiros passos nessa área do conhecimento. O segredo da Torre são as ondas gravitacionais, fenômeno que não era suficientemente conhecido e explicado naquela época.

– Parece que o nosso planeta sofre um verdadeiro bombardeio dessas ondas atualmente – exclamei.

– Sempre sofremos esses bombardeios, o que mudou foi a nossa percepção, conceitual e tecnológica. Os cataclismos geralmente produzem ondas, em diversos formatos, incluindo as eletromagnéticas, pelas quais temos mais interesse aqui. O nosso laboratório é a Torre de Tesla e principalmente o céu, o qual os nossos jovens do Clube de Astrofísica não perdem de vista. A Torre foi construída com a ajuda técnica e material dos nossos vizinhos, da Saab-Boeing, que ficaram simplesmente fascinados com a nossa ideia de construção, solicitando permissão para fazer parte do clube e também das pesquisas do nosso instituto. Para eles a Torre e as pesquisas são precisos momentos de lazer e convívio com o Burgo e sempre estão trazendo novidades para os estudos.

– O que são e como funcionam essas ondas? perguntei.

– As colisões de estrelas de neutrons são excelentes fenômenos para estudar as ondas e seus múltiplos efeitos no espaço. Esse evento astrofísico e cataclísmico, chamado Quilonova, produz uma gigantesca emissão de raios gama, luz ultravioleta e ondas de rádio. As ondas gravitacionais são oscilações da matéria que deformam o tempo e o espaço. Já as ondas eletromagnéticas são efeitos das vibrações de partículas com carga elétrica, luz visível e invisível. As duas ondas se propagam no vazio a 300 mil quilômetros por segundo. Tanto a observação como a colisão das estrelas pode nos ensinar a captar e usar a energia em sua inúmeras manifestações.

– A Quilonova já era conhecida, lembrou Lemman.

– Sim, concordou Peagno, teoricamente, pela Teoria da Relatividade de Einstein, no início do século passado. Mas essa previsão de Einstein só pôde ser confirmada décadas depois, com os avanços tecnológicos de observação espacial. Imagine a dificuldade que Einstein teve para demonstrar suas ideias, só assimiladas por um pequeno grupo de cérebros brilhantes, que ainda assim tinha dificuldade de visualizar o que estava sendo dito por ele. Era conversa travada em linguagem puramente matemática.

– Diferente de Tesla, que ansiava a materialização de suas descobertas, Einstein se fechava no seu mundo para aguardar pacientemente a confirmação de suas hipóteses – lembrou Lemman.

– Verdade. Cada coisa a seu tempo. Os séculos XIX e XX foram o tempo das invenções e da indústria mecânica analógica, que necessitava do alimento comercial e consumista do mercado. Foi a rra de Edson, Marconi, Dumont, Bell, Ford e tantos outros pragmáticos. Este e o próximo século estão reservados para mentes como Einstein e Tesla, como todos que desvendaram a estrutura do átomo e do universo visível e quiçá o invisível também, como fizeram Kardec e seus discípulos.

Antes de nos prepararmos para o lanche e depois para a aula da noite, o Dr. Peagno encerrou a nossa conversa com mais esta observação :

– Imaginem se os conquistadores espanhóis e portugueses, naquela ânsia voraz pela acumulação metais da época das navegações, soubessem que uma Quilonova pode produzir uma quantidade de ouro puro igual à massa da Terra...

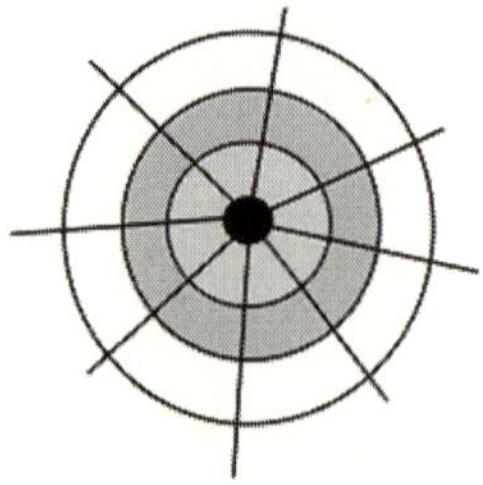

No final da tarde, nas ruas do burgo, ainda havia movimento de moradores. Estávamos no outono e uma friagem leve já anunciava achegada do inverno. Uma pequena neblina envolvia os morros do Torrão de Ouro. A iluminação das ruas não era intensa, havendo em cada esquina um totem com um painel luminoso, em tons de azul claro, indicando a localização dos logradouros. Todos os edifícios possuíam, além daquela das partes internas, algum tipo de iluminação ornamental ou de alerta. As duas torres tinham iluminação especial, Kronos com tons de amarelo e verde; e Kairós com tons de azul e lilás. No topo das duas torres havia um facho de luz que projetava e fundia no ar os tons coloridos de ambas, mostrando a sincronia do tempo concreto com o tempo abstrato. Como os sinos das igrejas, em algumas horas do dia e da noite ouvia se em todo o burgo uma vinheta musical suave indicando o avanço das horas.

Nossa caminhada até a Academia de Filosofia foi rápida, pois devíamos estar lá poucos minutos antes de 20 horas. No percurso, Perpétua, encantada com a organização urbana e a ordem reinante, perguntou como o burgo era governado. Todos voltaram a atenção para ela e também para Doris, que respondeu prontamente.

"A base política do Burgo são os Conselhos Comunitários, com a participação obrigatória de todos os moradores fixos. Representantes do Conselho compõem uma Câmara com suas comissões de assuntos específicos para atividades deliberativas e executivas junto ao prefeito e seus secretários. O prefeito é eleito pelos Conselhos e seu projeto de gestão é referendado pela Câmara dos Conselheiros. Os principais conselhos e suas respectivas funções são idênticos e funcionam dentro de uma agenda mensal, com exceção daqueles que lidam com emergências".

Doris lembrou que passávamos na frente da Câmara e que provavelmente ali estava acontecendo alguma reunião. Ao nos aproximarmos do centro político visualizamos o totem luminoso indicando sua função e os conselhos que ali se reuniam regularmente: Produção e Abastecimento; Saúde; Educação, Ética e Cultura; Segurança e Defesa Civil; Manutenção Urbana e Rural; e Governança. Quando o prefeito é eleito, ele e seus secretários visitam pessoalmente cada um dos Conselhos, apresentando seu plano diretor, acolhendo sugestões e deliberações dos moradores; e ali retornam regularmente para prestar contas para a comunidade.

"Não é muito diferente do que todos conhecem nos seus lugares de origem, mas creio que a diferença principal do nosso sistema político é o comprometimento entre os governantes e governados", explicou Doris.

Seguimos em direção à Academia de Filosofia e, ao chegarmos , notamos uma movimentação diferente, com muitas pessoas ingressando no edifício do saber. A Academia de Filosofia não imitava nenhum edifício greco-romano como todos imaginávamos. Ao contrário, tinha um aspecto arquitetônico pós-moderno lembrando o planeta Saturno, inclinado a 30 graus, com sua metade escondida no solo e a outra exposta com seus anéis. O globo de estrutura metálica era preenchido de material transparente, o que permitia a quem estava de fora ver todas as atividades realizadas dentro do prédio. Do lado de fora o prédio era todo ornamentado por plantas e esculturas lembrando as grandes escolas filosóficas universais.

Ao entrarmos logo visualizamos a parte subterrânea, formado por salas privativas e espaços de estudo com mesas e equipamentos de consulta e pesquisa. O Dr. Peagno nos alertou que teríamos uma aula magna na companhia de alunos de diversos cursos ministrados nas Academias. Nós éramos convidados da Comunidade Terapêutica Francisca Julia e sua turma da Escola de Aprendizes do Evangelho. A aula seria ministrada no auditório e teria como docente convidado o professor Francisco Emanuel, educador muito conhecido nos meios espiritualistas por ter revivido no Brasil, em sua cidade de origem, as experiências de Henri Pestalozzi, do célebre Instituto de Yverdon.

O auditório era simples e ao mesmo tempo deslumbrante, pelo formato arquitetônico e seu mobiliário discreto, inteligente e confortável. A iluminação era suave, dando a impressão de estarmos no interior de um templo. As conversas eram em tom moderado, refletindo o ambiente de cultivo de ideias superiores, bem com as expectativas da assistência. Uma única mesa de madeira e com cadeira ocupava o palco, deslocada para o canto direito, com um pequeno vaso de flores. Tudo bem simples.

Francisco Emanuel já está presente, próximo ao palco, em franca conversa com alguns dirigentes acadêmicos e outros moradores que já conheciam e acompanhavam seu trabalho educacional. Um pequeno grupo de músicos entrou no recinto, com instrumentos acústicos e eletrônicos, sendo seguido de um grupo maior de vocalistas. O Dr. Peagno, nosso prefeito e um dos organizadores do evento, saudou os presentes e explicou rapidamente o significado daquele encontro apresentando e convidando os artistas a abrirem o evento.

Um espetáculo. Canções conhecidas, novas e antigas, lembrando e exaltando um novo olhar sobre as coisas. O pequeno show foi encerrado com a canção *I Can See Clearly Now* , com os instrumentos eletrônicos simulando com perfeição o som de acordeões, acompanhados por flautas e violões acústicos. A platéia parecia ter intimidade com o repertório e especialmente com essa canção, pois todos cantavam enquanto o auditório era todo tomado pelas cores de um arco íris projetado da cúpula que cobria o recinto.

Francisco Emanuel já está no palco quando foi anunciado, sem nenhuma formalidade, como gostava de ser apresentado.

– Senhoras e senhores, mais vez conosco e para a nossa imensa alegria, o nosso querido amigo e de todos que vieram em busca do saber, Francisco Emmanuel!!!

O professor saudou a todos, agradecendo e contendo

educadamente os aplausos e pediu licença para realizar uma pequena prece de gratidão. Atrás dele via-se projetada em três dimensões uma impressionante imagem da Via Láctea, em viva movimentação cósmica, e que nos convidava a nos concentrar profundamente no assunto que seria exposto naquela noite inesquecível. Foi uma aula com citações filosóficas muito bem combinadas com textos sagrados, sempre fazendo analogia entre o Ser e o Universo.

O silêncio era total e a voz do conferencista fluía como nas declamações poéticas, mesmo quando seus pensamentos enveredavam pela lógica e análises matemáticas usadas para explicar os fenômenos e demonstrar a perfeição da Vida.

Descreveu como os povos de todas as épocas viam e interpretavam o mundo, nas suas respectivas trajetórias de séculos e milênios.

Lembrou especialmente das intervenções extraterrestres que tiveram papel decisivo na formação e organização humana, explicando a origem das nossas crenças e concepções por meio das culturas aqui implantadas por inteligências vindas dos sistemas Sírius e Capela, assunto no qual, segundo ele, estavam ocultos e guardados quase todos os mistérios e explicações sobre a nossa humanidade.

Falou da sucessão sincronizada e milenar das cinco raças e das cinco visões de mundo, alteradas historicamente pelo desenvolvimento dos protótipos antropológicos e das múltiplas habilidades cognitivas.

Explicou como aprendemos a olhar para céu e não somente para o chão de horizontes planos, mas em busca do alimento psíquico; como descobrimos o nosso mundo íntimo observando o Cosmos e sua infinidade de mundos; explicou porque ficamos em pé, verticalizando nossa coluna vertebral, nos rebelando racionalmente contra o peso da gravidade.

A magnífica aula de Francisco Emmanuel nos apresentou passo a passo como nos tornamos humanos pelo esforço diário acumulado nos milênios. A sucessão de imagens e cenários dava uma clara noção do quanto foi longa a trabalhosa a nossa evolução, preparada ponto a ponto pelas inteligências superiores que sempre zelaram pelas nossas trajetórias coletivas e individuais.

Em apenas 50 minutos, que pareceram 50 horas de conhecimento e apenas cinco segundos de prazer e satisfação, fomos iniciados num dos temas mais importantes e contundentes da filosofia e da ciência. Tínhamos agora uma noção de como gradualmente tomamos posse das nossas consciências e da Verdade que sempre está ao nosso redor, aguardando ser desvendada para nos tornar livres para sempre.

Francisco não se restringiu somente às grandes narrativas. Abriu um verdadeiro leque para mostrar como esses conhecimentos afetam o nosso dia a dia, como podem ser transpostos e aplicados nas ações educativas dos diversos graus escolares e sobretudo como eles causam impactos nas nossas escolhas durante toda a vida.

E finalizou ensinando sobre as características e responsabilidades das novas civilizações do Antropoceno, período no qual o Brasil, ocupado emergencialmente pelas nações irmãs, continuará tendo um papel fundamental nas diretrizes espirituais e morais da humanidade.

"Olhem para os lados e vão enxergar o Homem e a Mulher, o Adão e a Eva do futuro que já chegou. Eles estão ao lado de vocês e, pasmem, eles enxergam em nós o mesmo Adão e a mesma Eva, em imagem e semelhança próxima, que cada um deve descobrir e revelar, observando e amando"

Saímos do auditório e em seguida fomos convidados a passar por salas de magnetização e fluidoterapia. Esse procedimento, segundo nos explicou o Dr. Peagno, inicialmente acontecia somente na Academia de Ciências da Saúde e no Instituto de Estudos Psíquicos, porém foi sendo estendido para todos os núcleos do Burgo, sempre realizado por voluntários, com base no currículo da Escola de Aprendizes do Evangelho. Era, sem dúvida, um ótimo suporte de harmonia e defesa contra os desequilíbrios a que todos estamos sujeitos no cotidiano.

A fluidoterapia tinha aplicação simultânea com a cromoterapia. Cada grupo de aplicadores formados possui médiuns treinados para diagnosticar perturbações e recomendar tratamentos adequados, psíquicos e fisiológicos. Nas salas não havia nenhum tipo de aparelhagem física, tudo era mentalizado e operado pela imposição de mãos, e movimentos curativos padronizados de acordo com o tipo de tratamento recomendado, material ou espiritual. Alguns pacientes eram entrevistados previamente e recebiam ali mesmo instruções de cura (o tipo de aplicação) e de conduta que deveriam adotar durante e após o tratamento. A maioria dos atendidos são encaminhados para turmas de escolas iniciáticas, com exceção dos que já estavam matriculados ou tinham concluído as mesmas.

Nosso grupo recebeu uma aplicação simples de harmonização denominada Pasteur 2. O Dr. Peagno nos esclareceu que, no momento do passe, os aplicadores observam os centros de força (chacras) dos pacientes para identificar possíveis distúrbios. Os centros de força, localizados no corpo espiritual, possuem emitem raios coloridos e mutáveis, de acordo com a condição e situação emocional e fisiológica de cada um, estando ligados diretamente aos órgãos do corpo físico. As aplicações servem para neutralizar energias negativas e estimular a restauração da harmonia dos chacras e órgãos atingidos. Para tanto é necessário que o paciente seja estimulado também a mudar de postura mental e evitar atitudes que possam bloquear e impedir o tratamento.

"Isso que vocês estão vendo aqui não é novidade é faz parte do dia a dia de muitos núcleos espiritualistas, há séculos. Durante a sua permanência no Burgo todos receberão as noções teóricas e práticas das aplicações magnéticas. Os recursos de escolarização iniciática, segundo nos consta, já estão sendo ministrados ao grupo pelo caro amigo Lemman e terão continuidade durante o deslocamento. A escola é uma ferramenta pessoal útil não somente para o deslocamento seguro e coeso, mas uma base importante para a fundação do futuro núcleo social onde todos irão se fixar. A missão de vocês é constituir uma célula social já transformada e fazer dela um ponto de multiplicação do novo mundo do qual Francisco Emanuel nos falou hoje. O deslocamento tem o mesmo espírito histórico, realizador e desafiador, dos 40 anos de êxodo dos israelitas entre o Egito e Canaã, com todas as suas provas e expiações necessárias à construção e fortalecimento da sua nova morada".

Na volta aos chalés tivemos uma grande surpresa. Quando subíamos pela pequena alameda que leva ao cume do morro onde estávamos instalados, percebemos uma estranha movimentação e luminosidade no céu, em meio a nuvens esparsas. Estávamos tranquilos e contentes em virtude dos acontecimentos da noite, porém, naquele pequeno percurso, surpreendentemente fomos atingidos por um mal-estar inexplicável.

Uma enorme e muito estranha sensação de aperto no coração, tínhamos vontade de chorar e, ao mesmo tempo, uma intensa inquietação cerebral, provocando lembranças desagradáveis.

O semblante de todos estava alterado por sentimentos de angústia e sensação de opressão. Toda aquela alegria, confiança e disposição obtidas durante o dia, na aula e nas aplicações magnéticas, de repente são substituídas pela tristeza, pessimismo e medo.

Naquele grave instante, para nós aterrorizante, somente Doris e o Dr. Peagno permaneceram serenos, não porque ficaram isentos daquele fenômeno e sim porque sabiam como lidar com a situação.

Por sugestão de Doris, fizemos um círculo e, de mãos dadas, realizamos uma prece para o Criador dos Mundos, rogando que os nossos destinos fossem inspirados pela sua sabedoria e amor pelas suas criaturas. Que os nossos sentimentos e lembranças fossem considerados experiências de purificação dos nossos espíritos em direção à Luz, repudiando os maus pensamentos e culpas. Por último, rogou que todas as almas desencarnadas em perturbação na crosta terrestres pudessem sintonizar suas respectivas colônias de referência para que seguissem os seus caminhos de reorientação espiritual e regeneração moral.

Terminada a prece, abrimos os olhos e diante das nossas vistas estava no céu o grande responsável pelo nosso desequilíbrio momentâneo.

Um gigantesco corpo celeste, de cor alaranjada, quase vermelha, jamais visto pelos olhos humanos da nossa época, imensa e incontestavelmente maior do que a Lua. Vislumbrávamos assustados e profundamente abalados o Astro Intruso.

Doris esclareceu que naquele instante havíamos sintonizado e recebido em nosso psiquismo os efeitos de uma grande onda magnética emitida pelo planeta que se avizinhava.

Era um claro efeito da aula de Francisco Emmanuel, que havia provocado a sensibilização dos nossos centros de força superiores e também a abertura involuntária dos inferiores. Isso havia provocado as reminiscências primitivas e negativas. Por isso foi necessária a fluidoterapia após a aula.

Não ficamos desequilibrados, pelo contrário, já estávamos em desequilíbrio e sofremos um ajuste inicial dos centros de força e o aumento da nossa sensibilidade psíquica. Ao percebermos as mudanças no céu, sintonizamos as vibrações em afinidade com o grande astro e entramos numa crise momentânea. O que fizemos, na verdade, foi uma rápida leitura mediúnica dos movimentos reencarnatórios que estão se processando em torno desse planeta higienizador, cuja função é retirar da nossa atmosfera todos que ainda resistem às grandes mudanças pelas quais estamos passando.

O planeta higienizador possui um magma inúmeras vezes maior do que o nosso e tem uma aura psíquica densa, típica dos orbes ainda primitivos, atraindo almas afins, bem como os rebeldes e imaturos que há milênios se recusam à evangelização, resistindo pelo excessivo pensamento racionalista e, infelizmente, pela exacerbação dos instintos. Ao sofrerem o impacto de atração, encarnados e desencadeados entram em sintonia coletiva e são submetidos também pela tirania mental de Espíritos maus, psiquicamente mais experientes e capazes de despertar nos mais fracos toda a sorte de emoções e sentimentos inquietantes e angustiosos.

Muitos de nós podemos ser arrastados nesse turbilhão de perturbações caso não tenhamos disciplina, preparo e consciência de nossas responsabilidades espirituais. No planeta intruso já existe uma humanidade em franca expansão e desenvolvimento, aguardando almas para animar corpos já em constante formação nos ventres femininos que lá vivem. É um evento cósmico há muito conhecido nos círculos esotéricos e também simbolizados nas religiões e filosofias salvacionistas.

Estamos finalmente experimentando o fim dos tempos no qual a Terra será elevada à categoria de mundo regenerado, cessando gradualmente grande parte das provas e expiações pessoais e coletivas. Muitos serão banidos para outros orbes de mesma categoria atual; os que ficarão ainda não serão perfeitos e têm pela frente uma grande jornada de purificação, mas sem o predomínio do mal.

Durante muitos anos o planeta intruso estará aí a nos espreitar e lembrar quem somos, de onde viemos e para onde vamos. Doris e o Dr. Peagno estavam abraçados como qualquer outro casal que se ama, olhando para todos com muito amor e esperança de que vencêssemos, cada um, nossas batalhas íntimas e realizássemos nossos propósitos maiores. Percebi que no contorno dos seus corpos vibrava luz em cores numa aura expansiva, que se ampliava na medida que se fundiam em comunhão aquelas duas almas comprometidas com o Bem.

Agora já não víamos o planeta intruso como um inimigo ou inferno astral. Ele permanecia no céu, tenebroso e intimidador, pelas suas imensas proporções, porém revelando uma missão divina de restauração da ordem cósmica nesta pequena parte do Universo.

O Dr. Peagno nos advertiu que durante o deslocamento encontraríamos grupos bastante afinizados com o orbe primitivo e entregues às paixões despertadas por entidades já comprometidas com o exílio.

A palavra de ordem era respeitar o contato social provisório e evitar o contato psíquico, para não haver conflitos de ordens e objetivos, seguindo sempre em frente. Ele nos revelou um segredo para identificar os tais grupos: eles caminham na direção oposta ao poente e buscam instintivamente o nascente. Durante as noites olham fixamente para o céu, se submetendo ao magma opressor do Astro Intruso, dando vazão às mais estranhas emoções e sentimentos. Um triste desequilíbrio muito mais acentuado e doloroso do que este pelo qual passamos há alguns minutos.

"Isso também explica a presença dos membros do Clube de Astrofísica na aula de hoje. Todos estamos sujeitos a essa poderosa influência e temos que nos defender e manter o nosso programa evolutivo".

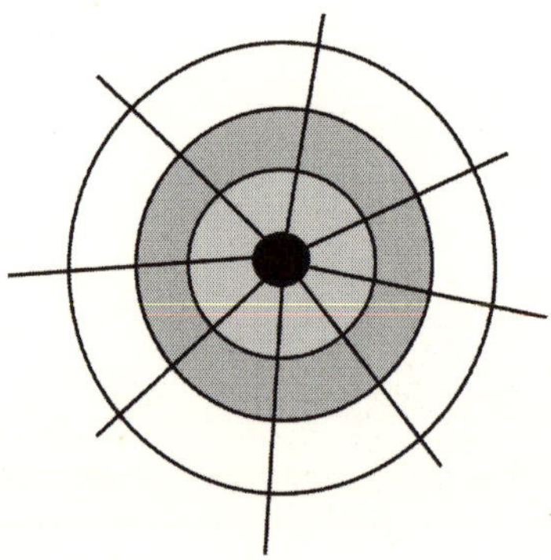

# 5 Advenas

De volta ao nosso abrigo, permanecemos em descanso no jardim defronte aos chalés, aguardando o melhor momento para nos recolhermos. Estávamos ainda um pouco assustados com aquela visão impressionante e com as explicações do casal que nos acolhera. Queríamos saber mais, não somente sobre o astro intruso, mas também sobre outros assuntos que, para nós, ainda não haviam sido esclarecidos. Nosso deslocamento já era certo e com alvo definido, tendo Lemman recebido e praticamente repassado ao grupo todas as instruções para nos conduzir em segurança após deixarmos o Burgo.

Francisco Emmanuel não viera ao Torrão de Ouro apenas expor sua maravilhosa aula sobre a Terra e o Cosmo. Ele próprio era um dos muitos brasileiros preocupados com o destino do nosso povo diante da nova situação imposta pelos estrangeiros e pelos acontecimentos da última década. Antes da aula divulgada, reuniu-se com todos os diretores das Academias e representantes dos Conselhos para expor também as experiências da sua comunidade a respeito do destino do território brasileiro. Percebemos que se tratava de uma reunião política porque, enquanto trocavam impressões e pareceres, projetavam mapas apontando estratégias de deslocamento e ocupação dos territórios ilustrados.

Além dos mapas, eram exibidos vídeos mostrando a movimentação de grandes contingentes de estrangeiros no Brasil e noutros países da América do Sul. Tudo podia ser visto por todos que estavam fora do salão onde acontecia a reunião. Não havia nenhuma preocupação de esconder a intenção e o conteúdo dos assuntos abordados. Entre as cenas exibidas se destacavam imagens de grandes naves aéreas, semelhantes às que já tínhamos visto no litoral Norte.

Francisco Emmanuel era bastante incisivo na sua explanação, sempre muito bem ilustrada com imagens, nas quais via-se núcleos preparatórios para pessoas de todas as idades. Chamou-me particularmente a atenção quando o professor exibiu aos presentes o projeto de um mini núcleo urbano, lembrando os antigas reduções jesuítas, porém com traços arquitetônicos moderníssimos. Entendi que eram núcleos habitacionais que deveriam ser implantados pelos grupos de deslocamento em diversos pontos, todos seguindo um padrão.

Em seguida o instrutor foi mostrando as fases históricas da ocupação do Brasil, desde a chegada dos portugueses no século XVI, as sucessivas ondas de avanços territoriais, antes e depois do traçado de Tordesilhas. Nesse instante ele muda de enfoque, troca a projeção para demonstrar a evolução do interesse dos estrangeiros pelo nosso país, não pelas invasões já conhecidas, mas sobretudo por meio de missões de natureza cultural, pelas mãos dos jesuítas, artistas e pesquisadores das riquezas naturais. Esses viajantes eram na sua maioria ótimos informantes dos governos dos seus países de origem. Francisco Emanuel mostrou rapidamente uma a uma das principais expedições e seus respectivos alvos e interesses, encerrando com imagens de empresas multinacionais e organizações religiosas durante a ocupação da Amazônia durante as décadas de 1970 e 1980.

Nos mapas de deslocamentos vimos mais ou menos uns 300 pontos para ocupação onde deveriam ser instaladas as novas aldeias, incluindo a que deveria ser fixada por nós. Em seguida, um dos conselheiros abriu uma projeção na qual se via a ocupação atual da América do Sul por nações do hemisfério Norte. O mapa era animado e tinha em destaque região por região, mostrando também a parte que permanecia isolada e que era destinada somente aos brasileiros em deslocamento. Era uma vasta região, porém bem menor do que o antigo mapa político brasileiro. O desenho do território tinha contornos naturais, porém ficava explícita a figura de um triângulo invertido, lembrando um grande coração, pintado pelas cores da nossa antiga bandeira nacional. Nesse grande coração está inscrito em letras grandes e brancas o nome "Pindorama", seguido do lema "Fé, Esperança e Caridade".

Não falo por todos, mas eu estava perplexo e vivamente impressionado. Mesmo não estando presente percebi que ali se desenrolava uma conspiração geopolítica de alta significância, nos moldes das antigas lojas maçônicas do período colonial e pré-revolucionárias na França do século XVIII. Eram confrades com ideias acima das suas atividades comuns e pessoais. Na minha cabeça, cheia de espanto e curiosidade, só tinha espaço para a frase pronunciada horas antes pelo Dr. Peagno: "Somos uma rede que luta pela reconstrução do Brasil em novas bases".

Percebendo a minha inquietação, enquanto os demais conversavam calmos ou simplesmente admiravam o céu noturno e misterioso, o Dr. Peagno pareceu adivinhar que sua fala política ainda repercutia na minha mente. Aproximou-se e colocou as mãos nos meus ombros para dizer que as peças daquele quebra cabeça iriam se encaixar não somente para mim, mas para todos os envolvidos nessa grande equação.

No dia seguinte, logo de manhã, teríamos uma reunião com os conselheiros e diretores acadêmicos no salão da Governadoria, para tratar de assuntos estratégicos e também sobre os deslocamentos para a região central. O grupo foi avisado por ele e por Doris e todos já haviam se recolhido para o descanso. Permaneci no jardim. Não conseguiria dormir sem antes entender e organizar todas essas informações. As cenas de Francisco Emmanuel mostrando as invasões estrangeiras não saiam da minha cabeça, sobretudo aquelas mais recentes da região amazônica durante o regime militar. Como vivíamos naquela época sob um governo rígido, dividido entre o nacionalismo e os alinhamentos da Guerra Fria, novamente os estrangeiros utilizaram os meios culturais e as estruturas empresariais para facilitar a penetração. Temendo a radicalização de guerrilheiros maoistas, muito em voga na época, pois isso seria um risco de quebra da unidade territorial, os militares, sempre com um pé atrás, estreitaram relações com a empresas multinacionais, visando criar laços de vínculos e proteção.

Não resisti e fui pesquisar mais sobre esses assuntos. Li alguns textos seletos, incluindo sobre as expedições indigenistas dos irmãos Vilas Boas e também de Rondon. Queria entender melhor o que havia por trás da amizade e cortesia entre o velho marechal patriota e o aventureiro Ted Roosevelt. Queria saber também a real motivação dos sertanistas, não somente como funcionários públicos da Funai, mas suas investidas como pesquisadores. Entendi que o Xingu não foi somente um ponto estratégico de conquista e domínio territorial, mas também um laboratório de experiências que seriam muitos úteis aos nossos propósitos.

No centro de orientação havíamos tido uma aula sobre antropologia social, mostrando a história da política indigenista e dos conflitos de ocupação territorial no Brasil, em todas a s épocas. Mas de tudo que foi mostrado e analisado, o que mais nos tocou – e que se encaixava com a exposição de Francisco Emmanuel, bem como com a nossa situação – foi o caso da nação xavante nos anos 1970.

Um grupo de missionários salesianos havia penetrado no Xingu, sem autorização do governo federal, para observar e monitorar as ações de igrejas norteamericanas, bem com a movimentação agrária naquela vasta região. Eles alegavam que eram apenas jovens catequistas em viagem turística e fraterna. Descobertos pela Funai e prestes a serem expulsos, receberam abrigo e proteção de um cacique xavante, que viu nesse episódio uma oportunidade para realizar um plano de defesa contra as invasões de grileiros em suas terras. Em troca da proteção e da permanência, ele propôs um pacto com os missionários religiosos. Parte do grupo sairia da reserva como portadores de uma proposta aos superiores da ordem católica. Eles deveriam levar com eles cinco crianças xavantes para serem educados por famílias brancas até a idade adulta, para assumir futuramente a responsabilidade de liderança nas aldeias. O cacique tinha urgência na realização desse acordo pois a reserva já estava sendo aos poucos invadida por todos os lados. Era irreversível. Portanto, a melhor defesa era aprender a lidar e conviver com os invasores, conhecendo seus costumes e conhecimentos. Impressionados com a proposta, os missionários voltaram para Ribeirão Preto, no interior de São Paulo, e comunicaram para a ordem todos esses acontecimentos, estendendo o assunto para a comunidade mais próxima e atuante. A reposta foi aceita e algumas famílias católicas se ofereceram para receber as crianças, que seriam criadas como filhos legítimos. O plano de longo prazo deu certo, com todos os obstáculos previstos e não previstos. Eu mesmo vi no documentário os depoimentos de todos os envolvidos nessa história, constatando a vitória desse propósito de heroísmo e solidariedade na defesa da cultura xavante.

Era uma experiência que deveria ser compartilhada nos debates sobre o nosso deslocamento, previstos para a reunião da manhã seguinte. Me recolhi já bem tarde, e consegui dormir mais tranquilo. Estava feliz por essa descoberta.

O sono foi tão profundo que acordei às cinco horas da manhã, plenamente satisfeito e cheio de expectativas sobre a reunião na Governadoria. Nesse intervalo solitário, aproveitei para organizar melhor as informações e fui fazer uma caminhada entre os chalés e a Francisca Julia. O silêncio matinal era maravilhoso e só se alterava quando surgia algum barulho distante de vozes, se preparando para os labores; e de pássaros, anunciando a chegada do dia. Ao chegar próximo ao antigo hospital, pude contemplar novamente, de cima, grande parte do Torrão de Ouro e do Burgo Esperança. Permaneci ali até que a claridade da manhã, ainda bastante fria, vencesse aos poucos a escuridão da madrugada. Foi então que me vieram à memória algumas lembranças vivas, porém misturadas com as leituras que havia feito sobre a história daquele lugar.

O Torrão de Ouro, bairro rural antigo que hoje está ocupado por todo o Burgo, foi fundado para ser um refúgio espiritual, no espírito samaritano, de atividades curativas e regeneradoras. Já foi em épocas remotas cenário de disputas violentas entre famílias de conquistadores, indígenas expulsos de suas terras e escravos fugitivos das fazendas de café. A obra assistencial foi iniciada no século passado, por volta de 1970. A Estrada Bezerra de Menezes, que divide o Burgo com a gleba da empresa aeroespacial, há muito já estava destinada a ser um caminho de socorro desde quando ali foram instaladas, por recomendação de mentores espirituais, três casas para acolher e abrigar suicidas reencarnados, em diferentes estágios e condições de desajuste, cumprindo importantes fases de resgate de suas faltas:

Os órfãos do Lar Esperança, formado em grande parte por Espíritos que no passado legaram seus filhos ao abandono e desamparo, ao cometerem suicídio;

Os internos do Lar Jesus Gonçalves, com paralisia cerebral grave e também hidrocefalia, que se mataram utilizando meios violentos para mutilar seus corpos;

E finalmente os pacientes do antigo Hospital Francisca Julia, com os corpos físicos parcialmente reconstituídos, porém ainda transtornados mentalmente, como efeito tardio do suicídio remoto, mas já em busca de relativa recuperação e autonomia.

Os Espíritos encarnados e desencarnados envolvidos nessas três frentes de regeneração continuam atuando no Burgo Esperança e hoje também participam ativamente do Projeto Pindorama, do qual também fazemos parte.

Toda a gleba da Francisca Júlia havia sido doada por um voluntário da entidade mantenedora, que desencarnaria poucos meses depois do seu gesto. A obra era do Centro de Valorização da Vida, fundado dez anos antes por alunos da Escola de Aprendizes do Evangelho, na sede da Federação Espírita do Estado de São Paulo.

Os 18 órfãos do Lar Esperança foram criados pelos bisavós do Dr. Fernando Peagno, juntamente com seus filhos, até a maioridade legal, mas com laços afetivos sem prazo de vencimento.

Voltei para o chalé e já encontrei alguns amigos curiosos em saber onde eu havia me metido tão cedo. Disse a eles que tinha feito uma caminhada de reconhecimento da área e também, em tom de brincadeira, que estava em busca de discos voadores. Me parabenizaram pela ação de reconhecimento e também desejaram boa sorte na caça aos OVNIs.

Não demorou muito e todos já estavam no jardim e ali

mesmo veio à tona o assunto de reunião para a qual estamos a caminho. A minha curiosidade, e creio que também de alguns outros amigos, era um esclarecimento mais detalhado sobre a explanação de Francisco Emmanuel, especificamente a nova configuração territorial do Brasil e da América do Sul. O tema antes era tratado com certo receio porque nossas instituições não tinham claramente um papel definido dentro do Estado de direito e agora nem sabíamos ao certo se ainda havia um Estado.

Muitos de nós desconheciam a política de alianças entre as nações nesse novo contexto. Tudo que sabíamos era a ocorrência de uma intensa movimentação estrangeira, sem nenhum lastro diplomático oficial, conhecido e transparente. Ninguém sabia com certeza quem eram os nossos aliados ou os nossos inimigos nesse jogo de interesses. Essa indefinição provocava receios e também ações espontâneas de organização e autonomia, como era o nosso caso, como estratégia preventiva diante de possíveis desvios de conduta patriótica e de comprometimento com a tradição territorial do país.

A ideia era manter um bom relacionamento com os estrangeiros, mas também uma certa cautela no trato de assuntos que poderiam ferir a nossa soberania coletiva e consequentemente as nossas liberdades pessoais.

Será que nesta reunião saberíamos a real medida e proporção das coisas? Nem Doris nem o Dr. Peagno se pronunciaram sobre o assunto durante o nosso café, não por receio, mas talvez porque fosse um assunto pelo qual as pessoas deveriam se interessar ou desinteressar por iniciativa própria e não por direcionamento de terceiros.

Seguimos para a Governadoria e quando lá chegamos já havia uma movimentação, dentro e fora do prédio, embora não houvesse um grande número de pessoas. Fomos sendo apresentados àqueles com os quais ainda não tivéramos contato. O professor Francisco Emmanuel não está mais no Burgo, tendo viajado para outro núcleo próximo ao Rio de Janeiro e Minas. Nos acomodamos nas cadeiras periféricas no sala, disposta em grandes círculos, deixando livres as cadeiras centrais para os remanescentes.

A reunião foi aberta pelo prefeito, o nosso Dr. Peagno, que apresentou o nosso grupo e rapidamente passou a palavra para o Conselheiro Clovis, um senhor de alta estatura, de uns 60 anos. O Conselheiro tinha sido militar de carreira, aposentando-se como oficial aviador da Força Aérea. Servira em quase todas regiões e conhecia como ninguém entre nós o território brasileiro. No Burgo era membro do Conselho de Segurança e Defesa Civil.

Clovis saudou a todos e foi direto ao assunto, alegando que precisaríamos de mais tempo para perguntas e discussões.

Revimos os mapas exibidos na noite anterior e ouvíamos atentamente suas explicações, descrevendo ponto a ponto a situação geopolítica do continente e do Brasil. Demorou um pouco mais ao expor o Grande Acordo das Nações Retirantes e Acolhedoras da Linha do Equador, já em franca execução e feito alguns anos antes, logo após os desastres militares e climáticos do Hemisfério Norte.

Três superpotências influíram para o estabelecimento do acordo de ocupação, procurando contemplar primeiramente seus interesses e depois dos seus aliados mais próximos. Houve protestos e pressões em diversos graus fazendo com que houvesse um recuo e reorientação das primeiras decisões. Essa postura evitou a exacerbação de ânimos e certamente novos conflitos de alta gravidade. Para facilitar as negociações, os técnicos e diplomatas do Fórum Mundial de Sidney propuseram o isolamento de determinadas áreas consideradas nevrálgicas, solicitando a ajuda de estrategistas econômicos para fomentar negócios e parcerias entre as nações divergentes. Assim surgiram as ações híbridas de política de Estado e de empresas e também os pontos geográficos neutros, de uso provisório e universal. Nessas zonas eram admitidas atividades que estimulavam a integração de povos, com frentes de trabalho e renda.

Pela exposição de Clovis, o acordo das nações não era perfeito, pois tinha altos e baixos, podendo ser rompido por causa de ações clandestinas e ilegais, sobretudo os fluxos migratórios de alta remoção muito comuns por causa dos picos de seca e fome em muitas regiões. Daí, ressaltava ele, a necessidade urgente de uma vigilância permanente sobre os pontos não ocupados e também uma rápida estratégia de preenchimento demográfico dessas áreas.

No Brasil ainda existiam vários pontos vazios e que poderiam se tornar foco de invasões formais e informais, caso não houvesse defesa e controle. Ele lembrou do caso de Israel, quando da sua fundação em 1948. Parte do sucesso alcançado na construção do Estado se deu por causa da ocupação por pequenos núcleos produtivos, os kibutz. Essa era a sugestão da qual havia falado Francisco Emmanuel, para ocupar os pontos críticos do nosso atual território, que não tinha mais aquela antiga formatação geográfica que conhecíamos no século passado. O nosso núcleo era o de número 188, na base ocidental da Serra da Canastra.

Clovis fez finalmente uma descrição mais exata e detalhada dos feitos geográficos de Grande Acordo de Sidney.

Ao Brasil coube a quarta parte do nosso antigo território, restando somente os estados da região sudeste, acrescidos de Goiás e o Distrito Federal.

A região Norte com a maior parte da Amazônia foi anexada pelo México, Canadá e EUA, em aliança com a Venezuela e Colômbia.

A maioria das nações da Europa Ocidental (antiga OTAN) ocupou toda a região Sul, confederados com o Uruguai, Argentina e Chile.

Os países do leste europeu (antigo Pacto de Varsóvia), sob a liderança da Rússia sobre os povos eslavos, ocuparam tida a região nordeste.

As nações asiáticas, sob impulso da China, Japão e Coreia, ocupam a região centro-oeste, em aliança com a Bolívia, Peru, Equador e Paraguai.

Clovis lembrou que essa ocupações já vinham acontecendo na prática, por meio de atividades comerciais, colaborações científicas entre as universidades, evoluindo gradualmente do aspecto econômico para a institucionalização política. Daí não haver notícias, exceto alguns incidentes, de confrontos bélicos e sim a desarticulação lenta dos Estados e municípios, quebrando silenciosamente o nosso antigo pacto federativo nacional.

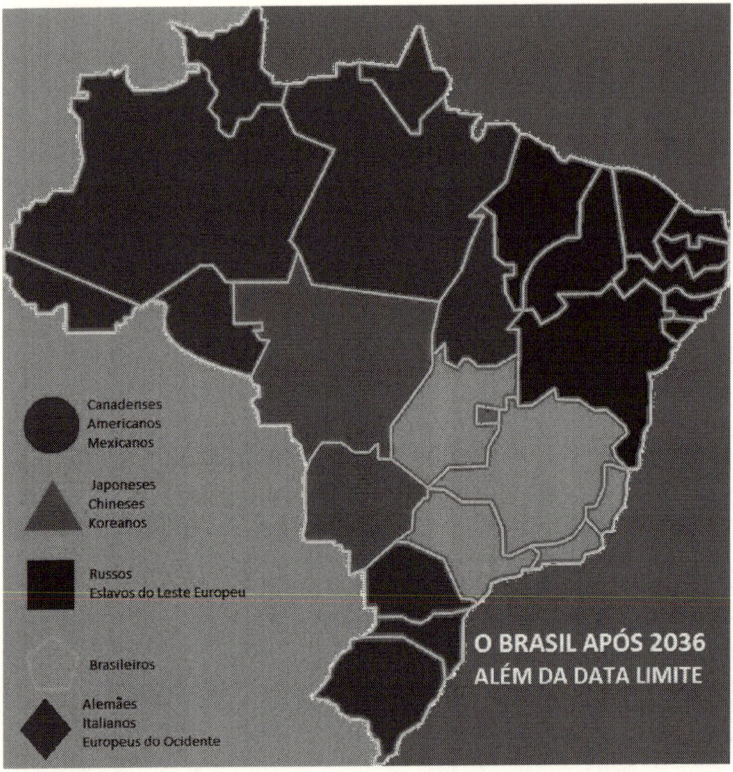


Havia no Grande Acordo um intenso esforço para a formação de uma Comunidade de Nações e um novo parlamento continental, tentando dar sincronia de interesses nessa dinâmica de territórios mercadológicos.

Mesmo assim, as lacunas políticas persistiram. Essa mesma lógica foi aplicada na África e Oceania, para contemplar as nações semitas e hindus, antes envolvidas num desastroso confronto nuclear no Oriente Médio e no Sudeste asiático. Muito grupos árabes e judeus se integraram nos projetos políticos da América do Sul , porém outros permaneceram em litígio com seus antigos adversários.

Todos estávamos impressionados com as informações resumidas por Clovis. Não ignorávamos totalmente o assunto, porém, como a maioria das pessoas, não dávamos tanta importância até que tivéssemos visto com os próprios olhos a movimentação gigantesca de estrangeiros no território brasileiro. Talvez preocupados excessivamente com os OVNIs, não percebemos que sofríamos uma intensa invasão de seres terrestres de outras nações.

Clovis fez uma pausa para responder a algumas perguntas e em seguida o Dr. Peagno explanou sobre o plano de deslocamento para as regiões mais vulneráveis.

Na reunião estavam presentes, além de nós, representantes de outros vinte grupos. A intenção era reunir todos numa única partida, definindo o roteiro e o apoio de percurso que seria estabelecido entre todos. Cada grupo deveria se deslocar levando consigo o plano de assentamento e integração por meio de ações colaborativas. Essa troca de experiências seria o ponto chave de desenvolvimento e proteção do projeto.

Foi feito um calendário de eventos técnicos para fortalecer cada um dos setores de funcionamento, semelhante ao ocorria no Burgo. Se as etapas de assentamento fossem cumpridas nos prazos estabelecidos, em pouco menos de três anos todos os 300 núcleos estariam em funcionamento e plenamente integrados.

O Dr. Peagno lembrou que as coisas não seriam fáceis, porém alertou que teríamos a nosso favor experiências importantes da nossa cultura migratória e colonizadora, acrescida de casos de sucesso em diversos lugares do mundo. Para ilustrar sua fala, o jovem médico e prefeito recordou que o nosso país foi fundado e desenvolvido no espírito expansionista europeu, pela ação empreendedora dos portugueses no litoral e nos sertão e que, depois de estabelecidos, passaram a vigiar permanentemente o território contra as invasões, em vários contextos, que os obrigava ora a recuar ora a avançar.

Não era novidade o interesse e a ousadia invasora dos estrangeiros no Brasil. Portanto, era necessário estudar, compreender e escolher a melhor forma e equacionar essa situações.

Enquanto falava, Peagno solicitou ao Conselheiro Clovis que exibisse uma síntese visual desses contextos, colocados em ordem cronológica, evidenciando o que fizemos e o que aprendemos com cada um desse fatos históricos.

Os tratados entre Portugal e Espanha, influindo na nossa formação territorial nos séculos XVI e XVII;

Os conflitos fronteiriços da região platina, que resultaram na fundação do atual Uruguai e mais tarde na Guerra do Paraguai, já nos séculos XIX e XX, bem como a compra do Acre e a correção das linhas divisórias entre o Brasil e as Guianas;

As sucessivas alterações dos mapas regionais e dos Estados, como a separação das províncias de São Paulo e Paraná; Mato Grosso e Mato Grosso do Sul; Goiás e Tocantins e as tentativas de divisões dos estados do Amazonas e Pará, até por meio de plebiscitos;

A criação do Limite de 200 Milhas Marítimas, nos anos 1970, levado a efeito para proteger a extensa costa atlântica e suas inúmeras ilhas litorâneas;

E finalmente as tentativas de imigração em massa de judeus, europeus e japoneses no século passado e a movimentação da exploração submarina petrolífera do pré-sal.

Todos esses fatos tinham como pano de fundo interesses estrangeiros, muitos com aparências nacionalistas, sobre os territórios brasileiros, influindo nas negociações e tomadas de decisões.

Clovis recordou, durante a fala de Peagno, de dois casos emblemáticos de tentativas de colonização em massa no Brasil. O caso dos judeus, em fuga desesperada dos avanços do nazismo durante a II Guerra Mundial; e uma tentativa de formação de um estado nipônico no Brasil Central.

No primeiro caso temos o exemplo de uma situação limite e emergencial, de alto teor humanitário. O desespero dos judeus diante do extermínio que viria se concretizar nos campos de concentração e as pressões diplomáticas contrárias levaram personalidades sionistas influentes a promover esse tipo de evento. Foi o caso do escritor judeu-austríaco Stefan Zweig, que viajava pelo mundo em busca de vistos para entrada de judeus fugitivos, principalmente os mais pobres do leste europeu. Ele aceitou uma proposta feita pelo Departamento de Imprensa e Propaganda do governo Getúlio Vargas de escrever um livro pata promover o Brasil no exterior, em troca da entrada de milhares de judeus no País. "Brasil, país do futuro" foi escrito em apenas alguns meses e, quando lançado, recebeu pesadas críticas da imprensa contrária ao governo. O caso terminou em uma rumorosa tragédia. Ao saber que os extermínios estavam se efetivando nos campos de concentração, Zweig e sua companheira cometeram suicídio por envenenamento, também muito decepcionados e entristecidos com a rejeição da obra pela crítica brasileira. Mesmo feito sob a pressão dessas circunstâncias, o livro mostrava o Brasil como uma utopia multirracial, de fé e esperança para os que perderam tudo em suas terras de origem e buscavam um refúgio definitivo. É uma obra que todos nós deveríamos ler, agora com outros olhos.

No segundo caso existia uma situação limite também, porém sem esse desfecho trágico da anterior, mostrando que as soluções são quase sempre favorecidas pela persistência e pela perspicácia. No início dos anos 1970 o Japão vivia uma explosão de prosperidade industrial e financeira, porém tinha como sério obstáculo as altas taxas de aumento da expectativa de vida, bem como a histórica escassez de espaço territorial rural e urbano. Buscando alívio para essa tensão crescente, os japoneses propuseram ao Brasil a compra de uma extensa área para receber uma população de nada menos que 40 milhões de imigrantes. Tudo em troca de um suposto refinanciamento da nossa dívida externa junto ao Fundo Monetário Internacional. O assunto nunca se tornou oficial e só apareceu na imprensa como pequenas notas especulativas. Nelas dizia-se que o regime militar, que então governava com mão de ferro, recusou radicalmente a proposta, vendo nela um grave risco de perda da soberania nacional. Frustradas as negociações pelas vias diplomáticas, iniciaram-se então, em várias regiões ainda selvagens, as compras sistemáticas de terras, em larga escala, não só pelos japoneses, mas também pelos europeus e norte-americanos.

Clovis, mais uma vez, fez um intervenção para lembrar que a construção da então aventuresca rodovia Transamazônica , de alto risco técnico e questionável valor logístico, na verdade tinha como intenção estratégica e militar monitorra e controlar a presença crescente de estrangeiros naquela riquíssima e imensa região, que hoje, infelizmente, não pertence mais ao Brasil

Para concluir a sua fala, Peagno falou da importância da época e da necessidade de mantermos a serenidade e o espírito de fraternidade ao falar de nacionalidades e territórios.

"Somos apenas depositários provisórios das coisas e lugares que recebemos para viver. Nosso modo de vida, sendo bom e justo, pode servir para qualquer habitante deste planeta, sem exclusões e exclusividades. O que estamos vivendo hoje é o resultado de uma longa trajetória de avanços e de resistência da ocupação das terras do Brasil. Diante da situações que estão fora do nosso alcance e controle, só podemos agir no sentido de preservar os nossos tesouros mais valorosos, que são os nossos valores, tradições e costumes, formados por uma mistura de outras culturas que aqui vieram traçar o futuro que desfrutamos hoje e que podemos legar para os nossos descendentes. O Burgo Esperança ainda vê o nosso país como um grande centro civilizador pra a renovação moral do planeta. Não fomos destinados para as vocações da prosperidade material e sim para o esteio espiritual, que dá sentido maior à existência humana. Hoje somos testemunhas do quanto esses nossos irmãos de outras terras se esforçam e sofrem para sobreviver nesse mundo muito diferente daquele do qual faziam parte e ainda sonham um dia reflorescer. Mas terão, como nós, que reaprender as lições de simplicidade e coletivismo, mais uma vez, assim como fizerem seus antepassados no feudalismo".

# 6 Pindoramas

Eram dez horas da manhã. Fizemos uma pausa pra o café, enquanto eram feitos alguns ajustes no recinto para a etapa seguinte. Nessa segunda parte finalmente conheceríamos os detalhes dos planos de deslocamento e implantação dos núcleos "Pindorama". Inicialmente pensei que Pindorama seria o nome do novo Brasil, mas fomos informados que os núcleos é que teriam essa nomenclatura, por causa do significado histórico, das nossas raízes mais remotas da terra, dos sonhos e encantos que ela representa até hoje entre os indígenas.

Os grupos percorreriam trilhas entre São Paulo e Minas, até atingir a divisa de Goiás. Lá se dividiriam para ocupar os pontos determinados. Batedores enviados pelo Burgo e outros núcleos renovadores associados já haviam percorrido esses lugares, sinalizando locais estratégicos e realizando os primeiros contatos com alguns habitantes locais ou que abandonaram suas regiões invadidas por estrangeiros.

Muitos brasileiros permaneceram e se integraram com os novos ocupantes. Muitos outros não se adaptaram e decidiram ficar no Brasil, da forma como puderam. Essas populações, que não eram poucas, seriam o nosso alvo para acolhimento e reeducação nos Pindoramas.

Os batedores, dentro da mais antiga tradição dos sertanistas caboclos, eram bons conhecedores dessas regiões, oferecendo informações preciosas para nós e também para os que encontravam e que se mostravam interessados em aderir ao projeto renovador. O plano era fundar os núcleos e posteriormente multiplicar essas células nas áreas fronteiriças com o Mato Grosso, Tocantins e Bahia. A trilha seria iniciada em São José dos Campos, passando próximo de algumas cidades mineiras: Pouso Alegre, Poços de Caldas, Passos, Monte Carmelo, Paracatu e Unaí. Era uma antiga rota feita pelas indígenas – os famosos caminhos de pedra e grama, chamados peabirus – também utilizadas pelos exploradores portugueses.

Voltamos para a reunião, que foi reiniciada por Doris, fazendo mais algumas considerações sobre o deslocamento e a importância do período de convívio durante o percurso.

De todos os conhecimentos adquiridos nos treinamentos, aulas e palestras especializadas, o convívio durante o percurso era o conhecimento mais significativo para o sucesso da empreitada porque tinha uma natureza inviolável e duradoura. Mesmo durante as aulas os vínculos afetivos se destacam como referência de aplicação das informações. "Essa capacidade de aprender a ver com os olhos e sentir com o coração do outro é a verdadeira base dos Pindoramas e dos sonhos e esperanças o que eles despertam em nós", concluiu Doris antes de apontar os dois técnicos que falariam sobre alimentação e saúde durante a jornada.

As instruções incluíam uma série de procedimentos sobre o uso de equipamentos e controle das provisões e medicamentos. Um deles já havia a atuado como batedor e nos falou da criação das primeiras condições de sobrevivência ao atingirmos os pontos almejados. Eram técnicas rústicas já usadas pelos bandeirantes portugueses e também das tribos indígenas nômades, abrindo clareiras e providenciando o plantio de alimentos de rápida germinação e colheita em poucas semanas.

Além disso havia meios rápidos para avaliar as condições ambientais e exploração de recursos da natureza. Antes e depois do assentamento os núcleos seriam rigorosamente monitorados pelo centro de orientação e até mesmo pelo Burgo, mas isso colocaria em risco a segurança de todos, por causa do risco de interceptação de comunicações e intervenções contrárias ao projeto.

Havia outras formas de prestar assistência à distância, usando a visita de batedores, sempre disponíveis nas regiões.

Eles possuíam um acervo de experiências e contatos e, em situações imprevistas, poderiam até alterar planos de assentamento e remover os grupos para outros locais.

Os Pindoramas, como já dissemos, foram inspirados nos antigos aldeamentos dos jesuítas e arraiais portugueses, porém o seu modelo funcional foi uma adaptação do "kibutz", cuja dinâmica foi responsável pela construção do Estado de Israel, pelas ocupações na Palestina desde 1922. Essa rápida e eficiente expansão de unidades produtivas foi motivada pelos "pogroons", massacres de judeus no leste europeu. Os assentamentos eram cuidadosamente planejados para funcionar como núcleos de implantação rápida e de alta capacidade defensiva, o que não é o nosso caso, já que estaremos em território próprio e sem as hostilidades agressivas que eles enfrentavam naquela época.

Mas aprendemos com eles a rapidez e também a resistência, que também existia em muito casos e que foi desenvolvida durante a Diáspora. Com o passar dos anos essas unidades se transformaram em função das mudanças pelas quais passou o Estado de Israel e das próprias condições das famílias ocupantes.

Assim como o genos greco-romano, o kibutz se desenvolveu para outras configurações e perdeu seu sentindo original de apenas referência cultural e turismo educativo para as comunidades judaicas que viviam no exterior.

Os Pindoramas também deverão passar por essas fases, com a diferença de que já conhecemos como elas acontecem estruturalmente. O nosso modelo era mais simples e não contaria com os grandes continentes familiares, funcionando como ponto de atração ou postos avançados de fronteiras.

Mesmo tendo essas referências históricas sobre a origem dos Pindoramas (aldeias indígenas, reduções jesuítas, arraiais portugueses e kibutz judaicos) havia algo mais que intrigava na ideia dessa nova organização social proposta para a ocupação e assentamentos nas novas fronteiras do Brasil.

Me aproximei de Clovis, durante o intervalo da reunião, para sanar algumas dúvidas. Queria fazer algumas perguntas para satisfazer a minha curiosidade, que talvez fosse igual à de muitos que ali estavam, mas não de interesse específico da reunião. Muito atencioso e prestativo, Clovis respondeu a todas as minhas perguntas, a maioria sobre as questões históricas da demografia no Brasil e em outros países.

A idealização e o projeto dos Pindoramas ainda me incomodava. Percebendo meu sincero interesse, Clovis projetou próximo de nós, e para quem quisesse ver também, o plano cartográfico de um Pindorama. Vendo a novidade, outros amigos ali reunidos também se aproximaram do conselheiro e estrategista para se inteirarem daquele curioso assunto. O gráfico era dinâmico e tinha uma apresentação multidimensional, didática e sequencial, mostrando todas as fases de desenvolvimento do núcleo. O plano piloto tinha um formato circular que lembrava ao mesmo tempo uma célula e uma espiral crescente, exibindo a sucessão e os estágios e transformações do núcleo, do arraial e dos 28 lotes. Um dos presentes, tentando entender melhor essa dinâmica, disse espontaneamente que o núcleo se parecia com os chacras. Clovis sorriu e disse que ele tinha toda razão.

"O Pindorama foi pensado como um centro de força social, semelhante aos nossos chacras do corpo espiritual, sempre alimentados pelos propósitos mentais. Todas as demais configurações do nosso mundo objetivo que se assemelham a eles são meras analogias ou adaptações desses vértices que animam os seres, os mundos e até as galáxias", esclareceu.

E completou seu raciocínio:

"Qualquer interferência inteligente pode interferir nesses centros de força e equilíbrio, alimentando ou obstruindo suas potencialidades. Essa é uma perspectiva que têm muito a ver com as nossas visões de mundo.

Hoje é mais fácil compreender que existe sempre uma relação intrínseca entre nós e o universo. Tudo que construímos ao nosso redor não passa de uma projeção do que somos, assim como somos uma projeção em miniatura do Cosmo e do Criador".

Não resisti e toquei num outro assunto, do qual Doris já havia dados algumas explicações. Entretanto, com essa concepção exposta por Clovis, a dúvida persistiu, sob outros aspectos. Não seria o Pindorama um sistema socialista em busca do comunismo, como foram todos esses modelos e tentativas anteriores de organização social? Clovis sorriu, como se já soubesse onde eu queria chegar:

"Sem dúvida, é uma concepção socialista, não o socialismo imposto pelas guerras civis armadas e de conotação político-partidária, muito comuns no século passado, e que acabaram se transformando em ditaduras e tiranias opressoras que todos conhecemos muito, em vários pontos do planeta. Pensamos nos Pindoramas mais como uma experiência de autonomia, assim como os kibutz, mesmo que tenha no plano coletivo um Estado regulador, mas que não altere a condição de liberdade das suas bases, como aconteceu na coletivização forçada da União Soviética com os kolkhoses e sovikhoses, sem falar nos terríveis desterros dos Gulags. O Pindorama se identifica mais com as experiências utópicas no século XIX, cujas tentativas fracassaram por causa de fatores externos ao sistema, isto é, pretendiam ser uma alternativa dentro do sistema do qual pretendiam não mais depender, o que obviamente seria insustentável. Os kibutz de Israel, por exemplo, não pretendiam competir nem romper com o capitalismo, mas somente criar unidades seguras de convívio e produção, numa situação de emergência e sobrevivência de longo prazo, até que as coisas se definissem em termos territoriais. Atualmente vivemos uma situação muito parecida. Temos um desafio territorial e uma incerteza sobre sua ocupação política. Ninguém sabe ao certo o que vai acontecer com os governos e muito menos com o capitalismo. A prioridade ideológica é a sobrevivência em bases locais minimamente seguras e eficientes".

Clovis foi, pelos menos para mim, muito claro e preciso na sua síntese. Lembramos juntos, com idêntica descoberta, os casos brasileiros de tentativas de socialismo utópico, como a experiência de São Francisco do Sul, em Santa Catarina. Ali, em 1842, foram assentadas 200 famílias de origem francesas e belga para fundarem o Falanstério do Say, idealizado pelo médico Benoit Julles Mure. A colônia não teve o sucesso esperado, também pelos motivos explicados por Clovis, e seu fundador foi fazer uma outra tentativa semelhante no Norte da África, com um grande núcleo denominado "Armanase". Naquela época a Europa sofria uma forte crise e precisava de uma válvula de escape para o desemprego e o crescimento demográfico. Lembrei que o dr. Mure foi o introdutor da homeopatia no Brasil, aplicando-a inclusive nos escravos dos engenhos de açúcar e também como prática veterinária. Clovis, por sua vez, recordou em nossa conversa que o célebre médico e discípulo de Hanneman era espiritualista e usava também o magnetismo como fonte de cura. Entre as 200 famílias vindas da Europa para Santa Catarina estavam duas que, ao retornarem à França, fizeram parte da Sociedade Espírita Parisiense, fundada por Allan Kardec em 1858. Eram Leclerc e Alex Canu, chamados *Brésiliens*.

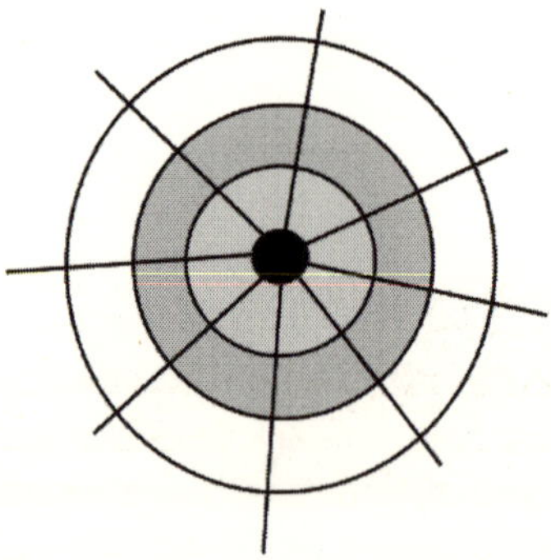

Agradecidos a Clóvis pela conversa rica em informações e esclarecimentos, fomos nos misturando em busca de outros ensinamentos complementares.

No outro lado do salão um grupo questionava o expositor sobre os cuidados coma saúde, durante e depois do deslocamento dos grupos.

Muito alegres e descontraídos, percebi que eles falavam sobre sexualidade e relacionamentos, assunto que havia sido abordado no centro de orientação e também na explanação de hoje. Com a habilidade de um psicólogo e educador, o técnico lembrou que todas as instruções dadas não tinham nenhum sentido se não tivéssemos uma disciplina afetiva, a maior das disciplinas de conduta.

"Não adianta ter conhecimento e procedimentos metódicos se não nos impusermos a liberdade intima de fazer escolhas. A diversidade de gêneros e a complexidade do comportamento sexual continuará sendo um desafio para todos nós. Quem escolhe somos nós e não as circunstâncias. E o afeto é sempre uma bússola para não sermos enganados pelos instintos. Não se trata de negar o prazer e a necessidade e sim de saber lidar com as consequências naturais do sexo".

E brincou, falando sério:

"Sabemos como fazer sexo, mas ainda falhamos muito na finalização e nos pós-ato da venda da nossa imagem e das nossas fantasias", ironizando os exageros das abordagens de sedução.

Feito isso, o instrutor relembrou os principais pontos da sua exposição e foi incisivo na questão da responsabilidade sexual, nos benefícios da discussão aberta e o respeito máximo aos sentimentos das pessoas.

Mudando um pouco de assunto, perguntei os procedimentos com a medicação, preventiva e ostensiva, em caso de emergência. Roberto, o técnico que nos atendia, novamente nos advertiu que todas as informações expostas ali e no centros de orientação estavam detalhadas no Manual de Deslocamento, incluindo os mapas e projeções. Mesmo assim se dispôs a explicar os detalhes que para nós pareciam confusos.

"O aplicativo biocura é um ótimo exemplo de como devemos agir diante de informações aparentemente dúbias. Na dúvida, peça sempre ajuda para um ou mais colegas quando for identificar e coletar plantas medicinais e sobretudo como manipular farmacologicamente, tendo cuidado com as medidas e proporções".

Ele estava se referindo ao dispositivo digital que fotografava os vegetais, fazendo uma leitura dos padrões de formas, cores e estrutura genética dos vegetais, de forma muito semelhante ao que fazem os animais quando adoecem e buscam a cura na própria natureza. No caso dos animais eles estão protegidos pelos instintos, já os seres humanos precisam aplicar regras matemáticas para garantir a precisão e eficiência desse tipo de medicação. O aplicativo informava também onde haveria maior disponibilidade dessas espécies curativas ou se era necessária uma prévia estocagem. Falando em animais, o aplicativo identificava a presença de espécies num raio de 200 metros, sobretudo as de grande porte. Nele também, por meio de um sensor magnético, era possível localizar água e avaliar suas propriedades e grau de potabilidade.

Estávamos prestes partir para a nossa nova jornada e ainda havia muitas dúvidas sobre como sobreviveríamos nas fronteiras do Norte e Centro Oeste. Poderíamos ter ido logo após a nossa passagem pelo centro de orientação, mas tínhamos ainda que ver *in loco* as aplicações dos ensinamentos recebidos. Nossa vinda ao Burgo tinha preenchido, em grande parte, essa lacuna. Como iríamos viver nessas terras por nós desconhecidas? Teríamos o necessário para garantir a estabilidade? O que seria necessário e o que seria supérfluo?

Essas e outras dúvidas ainda povoavam nossas mentes, certamente inseguras ao deixar aquele lugar nos parecia ser a salvação da humanidade quando ali chegamos, tal qual os personagens do livro de Camilo Castelo Branco quando foram recolhidos do vale sinistro dos suicidas pela inesquecível Legião dos Servos de Maria.

Já havíamos passado pelo pior, porém ainda não nos sentíamos confiantes em andar com as próprias pernas. Teríamos um grande e renovável amparo material, pelo nosso próprio esforço de trabalho e também pelas condições e recursos disponíveis. Isso era real.

Na década de 2020 já era muito comum, por causa do comércio global e sobretudo da agilidade comercial dos chineses, a propagação de produtos industrializados e uma infinidade de utilitários, domésticos ou não. O gênero "shing-ling" tornou-se tão popular e mundial nos últimos 20 anos quanto foi o "brighness" nas últimas décadas do século passado. Tudo que era fabricado em larga escala tinha um toque nipo-americano e depois adquiriu status made in China.

Assim como os ingleses ampliaram a indústria e suas tecnologias na primeira revolução industrial, os chineses também tiveram que comercializar e massificar suas invenções utilitárias. Por isso não sofremos tanto com os desconfortos quando fomos perdendo o contato com a civilização destruída pelo cataclismo e pela guerra. Os sobreviventes conseguiram preservar, como conhecimento, quase tudo que era de fabricação em massa, excluindo apenas o que não seria sustentável. As impressoras 3D alcançaram um alto nível de síntese garantindo, como já vimos, até a alimentação de origem animal por meio de matrizes genéticas.

O mesmo se deu com muitos outros alimentos. Por isso ainda tínhamos vestuário diversificado e durável, assim como incontáveis itens de uso cotidiano, feitos de material não poluente, de alta durabilidade, desde nano ou micros peças e circuitos até grandes módulos de madeira e vidros sintéticos.

Portanto não havia motivos para esse tipo de incerteza. O nosso calcanhar de Aquiles ainda estava na alma, no medo de fazer escolhas e tomar decisões. Era o eterno dilema humano. E isso ninguém poderia fazer por nós, senão tudo estaria em risco. Vivendo nos núcleos, teríamos pequenos desafios todos os dias, para treinarmos para grandes obstáculos desconhecidos. Cada parte seria construída em etapas, mantendo-nos unidos e ocupados permanentemente. O exercício da tolerância e da fraternidade, que talvez tenha faltado aos nossos irmãos de outras terras, seria muito útil para nós e também para acolhermos os estranhos que certamente nos procurariam para pedir abrigo e direito de felicidade. Teríamos que estar firmes, abertos e atentos, como a direção do Burgo Esperança esteve com cada um de nós.

Mas o grande desafio e tarefa laboral dos Pindoramas eram os planos de recomposição de grandes áreas devastadas, refazendo solos e paisagens destruídas pelas queimadas e derrubadas, responsáveis pelo intenso desmatamento dos últimos cem anos. Esse legado insano, deixado principalmente pelo agronegócio da pecuária e das mega plantations, deveria ser restaurado o mais rápido possível e tornar-se o ponto de honra das novas organizações sociais.

O Burgo Esperança, como muitos outros núcleos, tinha se dedicado havia muitos anos a essa prática de recomposição ambiental e fez dessa experiência um dos principais alicerces do Projeto Pindorama. Fazendo o caminho inverso dos nossos antepassados, que viam na exploração um ideal de vida e progresso, somos uma geração que idealiza e realiza por meio da restauração a pacificação da humanidade com a natureza. Não pertencemos mais ao Holoceno e já vivemos o pós-Antropoceno, ou seja a ruptura com o período posterior ao aniquilamento sistemático do planeta. Fundar cidades e nações em nossa época é, sobretudo, reconstruir e reflorestar o que foi destruído.

Restava ainda a decisão de escolher a melhor forma de seguir o roteiro do deslocamento. Foi recomendado que seguíssemos separados, para manter o espírito de autonomia. Mas não fomos proibidos de ir juntos, os vinte grupos. O que seria melhor? Este seria o assunto da última reunião sobre a partida, que aconteceria nos próximos quarenta dias. Até lá continuaríamos hóspedes úteis do Burgo, nos dedicando a atividades comuns, de necessidade coletiva; e também atividades de preferências pessoais, que certamente seriam de grande utilidade para os nossos semelhantes.

# 7 Alienígenas

> Espíritos abnegados e esclarecidos falam-nos de uma nova reunião da comunidade das potências angélicas do sistema solar, da qual é Jesus um dos membros divinos. Reunir-se-á, de novo, a sociedade celeste, pela terceira vez, na atmosfera terrestre, desde que o Cristo recebeu a sagrada missão de abraçar e redimir a nossa Humanidade, decidindo novamente sobre os destinos do nosso mundo. Que resultará desse conclave dos Anjos do Infinito? Deus o sabe. Nas grandes transições do século que passa, aguardemos o seu amor e a sua misericórdia.
>
> Emmanuel – *A Caminho Da Luz*

Eu e mais alguns membros do grupo escolhemos, além do labor diário em um dos setores produtivos, a aprendizagem e serviço voluntário na Francisca Julia. Ali, diariamente, funcionava um centro de orientação espiritual, para atendimento interno e externo ao Burgo. As atividades eram mescladas de estudos e práticas mediúnicas, curas magnéticas e estudos iniciáticos. Era uma porta de entrada para acolher necessitados e também de triagem para preparar voluntários para o serviço fraterno. Com as devidas exceções, ninguém era admitido como morador do Burgo sem antes passar pelas atividades do núcleo, como servidor. Era a atividade mais antiga do lugar e se chamava Centro Espírita Bezerra de Menezes, atraindo também moradores das redondezas e funcionários das corporações vizinhas.

O Centro ficava de frente para a estrada que ligava a antiga cidade de São José dos Campos e o bairro rural do Torrão de Ouro. Ali era frequente a passagem de sobreviventes da região e também andarilhos de outras localidades, como foi o nosso caso. Esses movimentos de pessoas e grupos eram identificados e monitorados por meio de drones e, mesmo que alguns deles passassem sem efetuar contato ou solicitar ajuda, eram abordados pelos vigilantes para um reconhecimento e oferta de socorro e orientação, tal qual havíamos recebido na Serra do Mar.

A primeira oferta de ajuda era a recomposição, por meio de banho, troca de roupas, alimentação e atendimento médico. Em seguida o centro oferecia uma entrevista fraterna, palestra de rotina, versando algum tema doutrinário, e depois os passes magnéticos. Havia fora do burgo uma grande área reservada para acampamento provisório, durante os dias em que os viajantes recebiam assistência. Nesse período era feita uma triagem para identificar os que pretendiam se preparar para ingressar nos grupos de deslocamento ou então se integrarem no Burgo, ou ainda em algum núcleo associado mais próximo.

Além dessas ações de assistência social, o centro possuía sua rotina de estudos e práticas doutrinárias, reunindo grupos mediúnicos para diversas atividades, incluindo pesquisas junto a algumas academias do Burgo. Começamos ajudando na recepção, entrevista e triagem, acompanhando e observando voluntários mais antigos.

Assistíamos às preleções e observávamos os movimentos dos passes magnéticos, no mesmo padrão que se aplicava após as aulas das academias e serviços médico-terapêuticos do Burgo. Em duas semanas já aplicávamos os passes simples, de recepção, e nas seguintes já servíamos no círculo de sustentação para os passes Pasteur, específicos. Nesse período tudo era estudado por meio de aulas em módulos.

Lemman estava conosco e fazia apenas uma espécie de revisão e reciclagem, pois conhecia aquelas práticas e estudos já há algum tempo. Foi ele que nos iniciou em aulas de autoconhecimento durante a segunda viagem e isso facilitou nessa colaboração no centro. Nossa tarefa era nos preparar para realizar essas atividades durante o deslocamento e posteriormente nos núcleos avançados.

E assim foi feito, em quase todos os aspectos. Só esbarramos nas atividades mediúnicas, que eram mais complexas e exigiam um amadurecimento maior. Mesmo assim, sabíamos que em nosso grupo havia alguns médiuns que poderiam ser treinados. Surgiriam outras oportunidades de estudos nessa área.

Das atividades realizadas no centro, as que mais despertavam interesse eram os passes e os colegiados de médiuns, ambas de alta capacidade transformadora. Em alguns casos presenciamos curas aparentemente inexplicáveis, de doenças que haviam sido ali diagnosticadas e os pacientes encaminhados pelos centros acadêmicos.

Nas reuniões mediúnicas ouvimos e registramos comunicações com mensagens muito instrutivas e também impressionantes, sobre experiências recentes com desencarnados nos cataclismos e Espíritos que já estavam se preparando para reencarnar no planeta intruso e também nos Pindoramas que iríamos fundar.

Essas mensagens eram seguidas de análises e debates saudáveis sobre os conteúdos, comparadas com os modelos da literatura espírita, da Codificação e pós Kardec. Elas eram selecionadas e classificadas, apenas para ilustrar a metodologia do Livro dos Médiuns e outras obras de Kardec, principalmente em O Céu e o Inferno, onde apareciam mensagens semelhantes, segundo a condição moral dos mesmos: Espíritos felizes, medianos, sofredores, suicidas, criminosos arrependidos, endurecidos e em expiações terrestres. As mais selecionadas eram de Espíritos em condição mediana, que revelavam algum grau de conhecimento para relatar suas experiências recentes. Algumas eram muito confusas e cheias de ruídos, ou seja, incoerências em todos os aspectos. Essas eram descartadas.

Mas havia mensagens de conteúdo claro, mesmo sendo de Espíritos sofredores ou endurecidos, pela autenticidade das narrativas, sem afetações ou exageros. Mensagens dos que se preparavam para reencarnar no Planeta Intruso só foi possível aquelas que vinham de Espíritos que se ofereceram para ajudar nas transmutações; de alguns voluntários, que se acharam em condições de resgatar mais rápido algumas pendências cármicas; e orientadores que explicavam como ocorriam a transposição coletiva de almas. De um desses Espíritos de condição mediana escolhemos essa mensagem para análise:

> Não foi fácil fazer essa escolha, mas também lembrei que as escolhas errôneas que fiz durante algumas existências não foram por impulso e sim por teimosia e até maldade.
>
> Tenho chorado muito porque sei que vou deixar para trás uma morada que me era tão acolhedora e nunca consegui perceber isso. É como se despedir de uma mãe sem ter coragem para revelar os sentimentos, abafados pelos soluços de arrependimento.
>
> Olho ao meu redor e vejo muita gente triste e fechada em si, com fortes dores no peito, mas também sem coragem de dizer que sofre.
>
> Poderia ter ido para outro mundo, mais ameno e um pouco menos agressivo, mas meu coração, ainda seco e confuso, não me deixava à vontade para decidir.
>
> Os orientadores nos estimulam constantemente a mentalizar e fazer planos, mas logo somos vencidos pela descrença à qual nos acostumamos para fugir dos compromissos. Eles não desanimam e lutam para que não partamos na condição de alienados e sim como missionários que precisam realizar tarefas e voltar para casa. Dizem para não olharmos para o chão, como um vício instintivo, e sim para o céu, como um gesto de confiança no Alto e esperança de vencer a solidão que tomou conta de nossas almas.
>
> Como isso é difícil...
>
> De vez em quando me revolto e perco o controle de mim mesmo, reconhecendo que estou doente. Nesses momentos busco o sono como refúgio, para fugir de tudo, principalmente de mim mesmo.
>
> Quando acordo vou aos poucos lembrando do que vai acontecer comigo e o que deve ser feito para não aumentar o meu sofrimento.
>
> É isso.

> Adeus a todos, porque há muito não sei quem são os meus, e peço que orem por mim, pois minhas orações são vazias e fracas, como meu coração.
> Ah, como gostaria de ter coração. Estaria salvo...
> Adeus...

As transmigrações para o Planeta Intruso eram uma curiosidade que tomava conta de todos. O evento não era novidade no meio espiritualista, porém vivíamos no auge de uma grande operação de transposição de almas de um orbe para outro orbe, um contexto no qual tínhamos a oportunidade de conhecer de perto aquilo que só conhecíamos pela literatura.

Os médiuns do centro, durante os trabalhos de socorro e esclarecimento aos desencarnados, frequentemente descreviam cenas desses acontecimentos.

Não era somente a Terra que sofria influência higienizadora desse astro. Coletividades de outros orbes ainda desconhecidos por nós também se aproximavam ou eram conduzidas para a crosta terrestre para melhor se adaptarem ao novo habitat.

Algumas vinham dotadas de missões específicas e já traziam planos de ação coletiva para ser implantados com a finalidade melhorar as condições de vida no planeta ainda primitivo.

Eram projetos de organização social prevendo as primeiras formas de governo, descobertas de recursos técnicos e até de despertamento religioso, pela lei de adoração. Tudo era mentalizado com a ajuda de instrutores que dariam continuidade ao trabalho após a reencarnação desses grupos, atuando como mentores de povos.

Eles sabiam em quais grupos tribais seriam acolhidos, suas origens, seus costumes e principalmente seus sonhos e expectativas coletivas, das quais seriam realizadores em determinadas épocas.

Havia um esforço muito cuidadoso no sentido de neutralizar a ação de forças do mal entre os que iriam reencarnar no planeta intruso, deslocando os mais suscetíveis, sobretudo os líderes, para atividades de baixa influência coletiva, marcadamente os trabalhos repetitivos e rústicos.

Essa estratégia tinha como intenção canalizar essas inteligências para as descobertas de soluções tecnológicas, envolvendo-as em situações críticas, desafios da natureza e dificuldades do destino. Geralmente os líderes e articuladores do mal se tornam disciplinadores eficientes, tentando disciplinar também a si mesmos. Mesmo as almas que se afinizam com o mal em alguns momentos são atingidas pelas crises íntimas, pelo tédio, pela dúvida e principalmente pela insatisfação, que provoca a necessidade de mudança.

No mundo espiritual existem muitos casos históricos e emblemáticos de Espíritos inimigos da Luz e que se desligaram por vontade própria de poderosos laços de submissão ao mal. O caso do sacerdote Gregório, narrado por André Luiz, por exemplo, cuja deserção gerou uma grande repercussão e arrependimentos em massa, provocando mudanças graves em uma das mais influentes organizações de obsessão do mundo astral. O mentor Gúbio, encarregado dessa missão de resgate de Gregório, é até hoje considerado um dos instrutores mais eficientes para reorientação e transmigração de almas delinquentes.

A prioridade dos instrutores era imprimir mentalmente o culto religioso que estivesse em sintonia com a esfera crística novo planeta.

Espíritos com experiência sacerdotal eram convocados para realizar essa tarefa, criando idealizações simbólicas e místicas nesse sentido. Nesses momentos viam-se sobre eles imagens interessantíssimas de figuras celestes de adoração masculina e feminina, ligadas à agricultura e à fertilidade.

No plano mais alto apareciam imagens já conhecidas das tradições religiosas terrenas, cenas bucólicas de campos com centena des cordeiros sendo conduzidos por pastores e também de colheitas de cereais. Tudo era animado por cantos e melodias instrumentais maravilhosas que inspiravam o respeito pela Divindade e a esperança de dias melhores.

Durante uma dessas mentalizações alguns médiuns descreveram a presença de entidades de alta hierarquia espiritual influindo nos pensamentos e sentimentos dos instrutores e seus tutelados. Eles viram no éter a cena da Manjedoura e muitos outros episódios das tradições judaico-cristãs, indicando que o novo planeta estaria com seus destinos ligados ao nosso mesmo Governador Planetário.

Um dos médiuns relatou que os inspiradores de alta hierarquia eram Espíritos vindos de Sirius, o sistema onde evoluiram Jesus e toda a sua corte crística e do qual a Terra havia recebido, em tempos remotos, as mesmas lições de adoração e redenção espiritual.

Essas experiências ficariam guardadas na memória afetiva de todas aquelas almas, cada qual com suas potencialidades de assimilação, mas todas com o dever íntimo de vivenciar na carne a luta contra os instintos e o despertamento da espiritualidade.

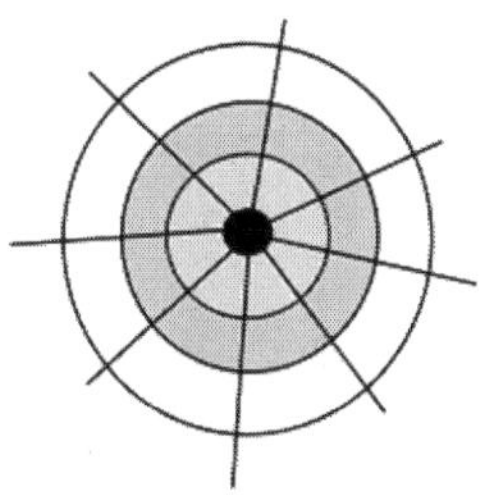

As reuniões e atividades do Centro Espírita Bezerra de Menezes eram muito conhecidas naquela região e atraíam para o Torrão de Ouro uma enorme diversidade de Espíritos, encarnados e desencarnados, sempre em busca de esclarecimento para suas dúvidas e consolo para suas dores.

Nas duas primeiras semanas as reuniões concentraram-se nas transmigrações de almas e em seguida voltaram-se para o tema dos alienígenas, fruto da curiosidade de muitos, incluindo a nossa, e também da necessidade dos estudos e treinamentos que ali se efetuavam no campo mediúnico.

Não era segredo para ninguém a presença de seres extraterrestres entre nós desde o início do cataclismo. Só não tínhamos certeza de como intervinham e se tinham contato direto com grupos do nosso planeta.

Havia também uma impressão de que órgãos governamentais de vários países tinham aberto e aprofundado relações amistosas com esses visitantes, mas sempre em caráter de segredo de Estado, para que, segundo a teoria e explicação vigente ou do "choque futuro", não houvesse nenhum tipo de desequilíbrio social entre as mentalidades ainda imaturas para aceitar essa visão de mundo.

Mas o momento histórico que vivíamos era de dores e mudanças não menos dolorosas, em todos os sentidos, sendo, portanto, propício para que tais revelações viessem a público. Entretanto, num contexto mais amplo, vivemos uma Grande Transição, marcada pelas dialéticas, os choques de paradigmas: de um lado o que é velho tentando resistir à morte e ao desaparecimento; e do outro o novo, lutando para nascer e evoluir, inevitavelmente.

Foi novamente Clóvis quem nos socorreu para esclarecer o assunto. Ele havia sido convidado para falar sobre o assunto numa reunião pública do centro e ali discorreu largamente mostrando tanto sua experiência como militar, seus conhecimentos doutrinários espíritas, bem como também sobre ufologia.

Como era do seu hábito e estilo, didático, o Conselheiro do Burgo reuniu material muito rico em sua exposição, contemplando o mais amplo repertório de dúvidas dos participantes.

Para nós ficou claro que o objetivo dessas visitas alienígenas, pela regularidade, características e unidade das aparições, era monitorar e advertir as nações que possuíam tecnologia nuclear para fins pacíficos e não pacíficos. Todos os locais visitados e que foram atestados por documentação e testemunhos estavam relacionados com a tecnologia físico-química e atômica: locais de conflitos, centros de pesquisas, usinas, arsenais militares, campos de testes, empresas coligadas e até residências particulares de pessoas envolvidas nesses projetos.

Os primeiros testes feitos na Alemanha nazista com as bombas teleguiadas V1 e V2; o projeto Manhattan e os testes no deserto de Los Alamos; as explosões no Leste europeu e no atol de Bikini; as tentativas de navegação espacial e até a chegada do homem à lua, bem como as principais tensões da época da Guerra Fria, tudo foi acompanhado e supervisionado por inteligências extraterrestres.

Esses contatos são milenares, pois a Terra sempre foi campo para reencarnação experimental e de provas de humanidades de outros orbes e sistemas, influindo em muitos aspectos na vida cotidiana das nossas culturas, notadamente no campo das descobertas científicas.

Sabe-se, por exemplo, que todos os missionários encarregados de mudar os destinos coletivos do nosso planeta vieram de outros orbes e estagiaram em satélites próximos, para o necessário período de adaptação psíquica e perispiritual. Moisés, vindo de Sirius e antes de encarnar no Egito, permaneceu longo tempo em Ganímedes, para preparar sua intervenção universal legista e monoteísta entre os cativos hebreus.

Não foi diferente com a plêiade do Espírito Verdade ("Os Espíritos do Senhor"), incluindo o próprio Allan Kardec, na elaboração do Código Espírita.

Após as duas grandes guerras mundiais a presença dos extraterrestres se torna mais frequente, por causa da interferência social negativa de inteligências encarnadas e desencarnadas, sobretudo no uso militar e destrutivo de tecnologias químicas e nucleares, colocando em risco a nossa evolução e a própria existência do planeta.

Os relatos citados por Clóvis eram exemplificados um a um, por meio de fotos, vídeos e depoimentos, muitos dos quais largamente difundidos nos meios de comunicação. A intenção, segundo ele, era dar sinais da presença deles e de que poderia haver uma intervenção mais direta, caso houvesse necessidade.

Os sinais não eram meras hipóteses e impressões particulares. Houve casos em que artefatos atômicos, mesmo os que estavam sob severa vigilância militar, foram encontrados completamente modificados, não deixando dúvidas de que pudesse ser uma ação alienígena, pela rapidez e precisão dessas ações. Armas que levam meses para serem montadas e instaladas, foram desativadas e desmanteladas em poucos minutos, causando espanto nos técnicos e autoridades que desconfiavam de uma possível ação de espionagem.

Muitos são os registros testemunhais e documentais, feitos em várias localidades e regiões, evidenciando cenas nas quais ficou a impressão clara de que tudo foi intencionalmente permitido, como uma marca da presença dessas inteligências. Alguns desses registros eram tão evidentes que sua divulgação foi rigorosamente vetada pelos governos e muitos deles (citados em relatórios oficiais) destruídos, em alguns países que temiam que os mesmos fossem ilicitamente divulgados.

Questionado sobre a identidade e origens desses alienígenas, Clóvis respondeu prontamente que não havia informações disponíveis e precisas sobre isso. Foram feitas muitas tentativas nesse sentido, buscando padrões de coincidência, mas todas frustradas, ficando apenas a já citada unidade de intenções.

Mas, afinal, quem são os alienígenas?

Essa dúvida permanecia no ar e incomodava a todos os presentes no centro, pois os dados fornecidos pelo instrutor convidado e também pelos relatos de outros especialistas presentes aguçaram ainda mais a nossa curiosidade. Queríamos respostas e, no entanto, a cada argumentação, surgiam dúvidas e mais dúvidas.

Nessas reuniões, sempre tranquilas e sem aquela inquietação e ruídos dos encontros acadêmicos, não havia tempo para pausas e lanches. Elas começavam às 19:30 e terminam pontualmente às 22:30 horas, sempre abertas e encerradas respectivamente por preces dirigidas e vibrações pelo bem universal.

Na sequência, em resposta às dúvidas levantadas, a exposição de Clóvis tomou outro rumo, agora com foco nas comunicações e experiências espíritas e espiritualistas.

Foi feito um breve histórico do assunto, desde os primeiros registros feitos na América e na Europa, sobretudo nas reuniões conduzidas e comunicações registradas por Allan Kardec e depois publicadas na Revista Espírita.

As contribuições de Camille Flammarion, no campo da astronomia, foram igualmente contempladas, por causa do tema das categorias de mundos e dos Espíritos.

Relatos mediúnicos mais recentes foram selecionados e mostrados fartamente, todos exemplificados e justificados, sobre a metodologia pelas qual foram obtidas as informações.

Clóvis tinha em mãos publicações gráficas antigas, em forma de opúsculos, falando de aspectos da vida em Júpiter e também da presença de inteligências vindas de Saturno para realização de experiências mediúnicas de curas em alguns núcleos espíritas.

Os relatos eram obtidos, em diferentes circunstâncias, por meio das descrições feitas em desdobramento (ou projeciologia) e também de vidência, sempre em salas e locais separados, para evitar influências de opiniões e impressões entre os médiuns. Todos falavam de seres com aparência humana, com pequenas diferenças anatômicas, sobretudo de estatura, suas roupagens e aparelhagens de uso terapêutico.

Os dados mediúnicos de fontes únicas eram citados com o devido respeito e também senso crítico, mas sem a mesma ênfase e credibilidade dada aos que foram obtidos em caráter e controle experimental. Sabe-se que tanto Júpiter quanto Saturno, bem como muitos outros planetas do nosso sistema solar, não possuem as mesmas características físicas naturais, sendo alguns deles gasosos e até invisíveis em alguns aspectos.

Tudo isso era uma prova de que as aparições e contatos, de corpos e objetos, tinham características semelhantes à sua respectiva natureza. Muitos seres e veículos alienígenas vistos na Terra poderiam ser de outros planetas e também das próprias colônias espirituais da nossa crosta, que se tornam visíveis apenas em algumas circunstâncias favoráveis e convenientes.

Alienígenas nada mais são do que Espíritos com corpos de matéria diferenciada e mais leve do que a nossa, cuja constituição biológica pode ser alterada pela força mental dos seus portadores. Havia relatos da presença de instrutores oriundos de Vênus em reuniões espíritas e outros núcleos espiritualistas, em alguns casos materializados, para realizar tarefas específicas de cura e treinamento de médiuns. Veículos de transporte, também de material diferenciado, são utilizados para o trafego em grandes distâncias, usando campos dimensionais também alternativos.

Clóvis e outros observadores presentes deixaram claro

que essas aparições e contatos, apesar de mais evidentes e rotineiros nesse contexto em que vivíamos, ainda ficariam, sob muitos aspectos, sem a revelação aberta e pública que todos esperávamos. Isso porque não se trata apenas de um desejo nosso, nem apenas do controle e proibição dos interesses de Estado e sim da vontade e conveniência dos próprios alienígenas. Suas intenções e interesses, que conhecemos pouco, atualmente se concentram nas atividades transmigratórias para o planeta intruso e outros orbes, bem como na renovação moral do nosso planeta.

É claro que tal impressão frustra os que não aceitam o intercâmbio mediúnico entre seres, esferas e mundos, e que confiam apenas no contato físico direto, como se isso fosse possível entre ambientes e condições tão diversas (matéria sólida e gasosa em diversos graus de aparência, por exemplo).

Para Clóvis e os outros estudiosos, a revelação física dessa realidade ainda não é total e socialmente apropriada, mesmo porque ainda temos culturas socialmente influentes que, mesmo tendo progredido em alguns aspectos morais, ainda estão estacionadas em visões de mundo e mentalidade primitivas. Tal revelação, apesar da maioridade e maturidade mental causada pelas tragédias recentes, ainda flutuam no terreno inseguro e temeroso do conservadorismo e do fundamentalismo.

Ao tocar nesse aspecto do "choque futuro", Clovis nos lembrou do incrível poder intuitivo das artes, sobretudo da literatura, para antecipar informações e preparar as mentes para mudanças comportamentais. Nesse caso foi destacado o risco de repercussões negativas e impactantes das relações interplanetárias, assim como entre esferas espirituais. Ele exibiu um trecho muito curioso da antiga série "Jornada nas Estrelas", de um episódio em que a nave "Enterprise" foi proibida pela Federação Interestelar de ter contato direto com um determinado planeta, de condição ainda primitiva. As autoridades temiam um choque cultural e até o surgimento de uma nova cultura de adoração religiosa, com consequências imprevisíveis.

E concluiu:

"Estamos diante de dados e evidências incontestáveis, assim como os apóstolos e os 500 discípulos da Galiléia tiveram ao entrar em contato direto com os fenômenos e ensinamentos provocados e distribuídos por Jesus numa época remota e ainda rústica. Será que realmente estamos preparados para conhecer a verdade sobre a pluralidade de mundos e das existências e também suportar as consequências inevitáveis dessa descoberta"?

Muitos dos estudiosos e espectadores presentes na reunião do centro eram estrangeiros que trabalhavam na grande empresa aeroespacial vizinha e também de outros núcleos estrangeiros da região, motivados tanto pela atração espiritual espontânea, como também pela curiosidade científica, que influía nas suas atividades profissionais. Sobre isso o Dr. Peagno já havia nos alertado.

Nas próximas reuniões do Centro Espírita Bezerra de Menezes talvez surgissem mais comunicações esclarecedoras e consoladoras sobre esse magnífico tema. Era o que todos esperavam.

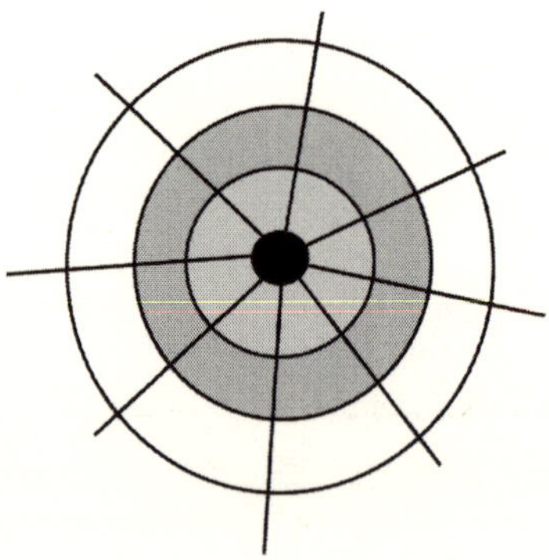

# 8 Passarolas

Os quarenta dias passaram rapidamente, dando a impressão que terminara um período de férias naquele recanto acolhedor e maravilhoso. Meu último estágio no Centro Espírita Bezerra de Menezes foi muito producente. Sentíamo-nos preparados e encorajados para multiplicar em outras localidades tudo que ali aprendemos.

Durante as aulas das Escolas de Aprendizes do Evangelho, em uma das turmas que já estava no segundo ciclo, de um total de três, conhecemos um casal de meia idade, que também eram membros do conhecido Clube de Astronomia. Eles trabalhavam como engenheiros na empresa aeroespacial vizinha ao Burgo e, desde que tinham chegado ali, se vincularam aos programas sociais para voluntários, quase todos realizados em conjunto com o Hospital Francisca Júlia.

Pierre e Julie eram de origem francesa e falavam um português muito sonoro e gracioso, bastante carregado nos "erres", num sotaque típico da língua materna do seu país. Eram muitos alegres e fraternos. Quando souberam que tínhamos vindo do litoral paulista, demonstram muita curiosidade em nos conhecer. Julie nos disse que Pierre tinha muitos amigos naquela região e sempre os visitava antes da grande enchente. Só não gostavam dessas viagens quando o marido passava pelos "déjà vu", seguidos de crises respiratórias. Pierre sonhava muito com o litoral, em diferentes épocas, e vivia à procura de rostos desconhecidos que povoavam suas estranhas lembranças. Esse foi o motivo principal pelo qual buscaram contato e ajuda nas atividades espirituais do Burgo.

Julie era falante e muito inquieta, enquanto o marido, apesar de alegre, se mostrava mais introspectivo. Os dois eram de baixa estatura e não tinham a aparência de gauleses e sim de nórdicos. Julie tinha olhos claros e muito vivos, como a sua personalidade, sempre expansiva. Pierre tinha olhos escuros, grandes e profundos. Não tinham filhos. No Clube de Astronomia davam grande contribuição com seus conhecimentos científicos, sobretudo nos experimentos tecnológicos da Torre de Tesla. Para ampliar o alcance dos experimentos fora do Burgo, Pierre e Julie criaram, com o apoio da empresa onde trabalhavam, um núcleo para estudos, criação e confecção de balões de ar quente. A prática de voos logo se desenvolveu, com o interesse de muitos moradores e vizinhos, pela própria natureza dessa atividade, que misturava pesquisa, lazer e aventura. Depois das duas Torres do Tempo, os balões coloridos do Clube de Astronomia eram o principal destaque no céu do Burgo, sempre em franco movimento, transportando pesquisadores e até turistas.

Já havíamos sido convidados para um desses voos panorâmicos, mas ainda não tínhamos tido tempo para conhecer a atração. Um novo convite não poderia ser recusado. Fomos em um pequeno grupo de seis pessoas, incluindo os dois mais jovens da turma. Era um sábado de manhã, sem sol, mas sem neblina. Quando chegamos na gleba da Torre percebemos um intenso movimento em torno dos balões, já preparados para levantar voo. Eram gigantescos e bem diferentes dos antigos balões aerostáticos. Eles se movimentavam com mais velocidade e controle, feito por aparelhos eletrônicos. Além de transporte até vinte pessoas, havia grandes compartimentos de carga, lembrando o tamanho e a utilidade do Zeppelin, da Alemanha pré-guerra, porém com um formato bem diferente.

Pierre andava de um lado para o outro, observando o movimento das invenções, fazendo anotações e indicando procedimentos técnicos para correção de percurso dos voos e a precisão nos pousos. Julie sempre embarcava em um dos balões recebendo instruções e enviando dados ao marido. Aqueles eram momentos em que os dois, como todos que ali estavam, pareciam esquecer de tudo que era rotina para mergulhar numa diversão de prazer indescritível.

Os balões tinham sido totalmente projetados pelo casal nas horas vagas e ali havia o campo experimental perfeito, livre das exigências burocráticas e protocolares da empresa em que trabalhavam. Pierre e Julie eram profundos estudiosos da aviação e da navegação espacial. Ele tinha uma predileção especial pelas invenções do Padre Bartolomeu de Gusmão, o jovem santista e precursor do balonismo, cuja biografia conhecia em detalhes. Os balões desenhados por ele e Julie eram réplicas das famosas Passarolas do Padre Voador, adaptadas com tecnologia avançada de voo.

Naquela manhã eles faziam testes de carga e equilíbrio, visando voos de longa distância. Quase todos os conselheiros do Burgo estavam presentes, se divertindo e também observando atentamente as manobras orientadas pelo jovem engenheiro e sua esposa. O Dr. Peagno não se continha e a todo instante se aproximava de Pierre para tirar dúvidas e questionar a segurança dos inventos. Pierre explicava rapidamente, mas sempre de olho no céu. Clóvis estava perto de nós e ria quando Pierre fugia do assédio do Dr. Peagno, dizendo que depois daria explicações mais detalhadas.

Foi uma dia maravilhoso. Tivemos alegria de embarcar e voar em uma das Passarolas, completamente deslumbrados com os campos vizinhos do Torrão de Ouro e, mais ao longe, as encostas da sempre misteriosa e verde Serra da Mantiqueira. O Burgo visto do Alto era um espetáculo de graciosidade e beleza urbanística, com suas edificações e contornos perfeitos de ruas, jardins, lagos e plantações agrícolas.

Voamos por quase uma hora, minutos que passaram rapidamente, mas que foram suficientes para ver de cima aquele pequeno universo e abrigo de fraternidade.

Para nossa surpresa, o condutor, que explicava os aspectos técnicos da nave e também o percurso, nos mostrando todas as partes da gleba e da vizinhança, nos apontou, na direção Norte, um grande círculo em formato de espiral, cercado de árvores e dividido em lotes geométricos.

"Aquele é um Pindorama, um núcleo experimental agrícola criado no Burgo Esperança e que vai ser reproduzido nas fronteiras novas do Brasil, nas antigas regiões do Planalto Central, Norte e Nordeste".

Estava lá, visto a uma altura de quase 500 metros, aquilo que seria a nossa futura moradia e realização dos nossos sonhos de uma vida nova e de uma nova pátria. Não era uma imagem em papel ou projeção virtual. Era feita de terra, água e vegetação, exatamente como tínhamos visto nas publicações digitais e na palestra de Clóvis. Não resistimos e , quase todos, gravamos a cena em nossos monitores pessoais. Antes de partir certamente conheceríamos aquele protótipo geográfico dos Pindoramas.

Quando voltamos nem sabíamos ao certo o que falar e perguntar, tal era o entusiasmo que tomara conta de todos que fariam parte dos grupos de deslocamento e que viram, de cima, o modelo de ocupação e assentamento para o qual estávamos sendo treinados há meses. Trocamos algumas impressões com outros "deslocantes" que também haviam feito os voos experimentais de Julie e Pierre. Ali mesmo fomos avisados de que a nossa despedida e partida seriam feitas no arraial do Pindorama modelo, especialmente preparado para o evento. A despedida seria no domingo, quando conheceríamos melhor o modelo do núcleo. A partida aconteceria na manhã de segunda-feira, como estava prevista no calendário e nas previsões meteorológicas.

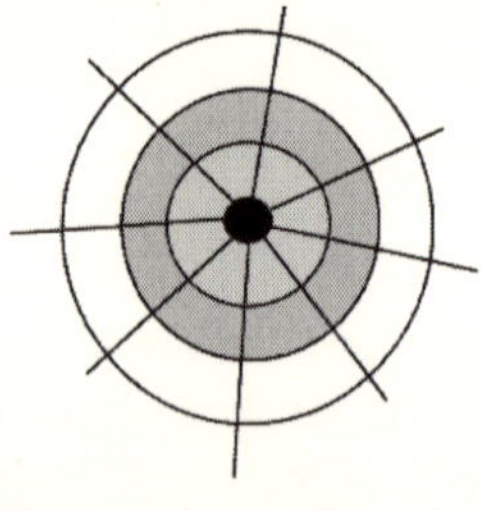

Os sábados no Burgo eram dias de lazer, mais do que os domingos, que eram mais voltados para as atividades domésticas e familiares. Vimos nas duas praças, sempre animadas com músicas e danças, feiras com exposições de artesanato e artes plásticas, comidas típicas e guloseimas populares, comercializadas livremente entre os moradores. Nada muito diferente do que já conhecíamos nas cidades, com a diferença que ali predominavam as trocas e não a preocupação com o lucro. Havia também barracas com utilidades domésticas, ferramentas, instrumentos musicais, brinquedos, tudo criado e confeccionado pelos próprios moradores. Imediatamente imaginei tudo aquilo acontecendo nos arraiais dos Pindoramas, como pulso natural dos contatos humanos. Ali passamos o resto da tarde conhecendo pessoas e fazendo muitas descobertas sobre como viviam outros moradores que não tínhamos tido a oportunidade de conhecer. Não havia apenas brasileiros nem apenas adeptos do espiritismo e das doutrinas espiritualistas. Encontramos outros grupos étnicos e religiosos realizando suas atividades culturais comuns e trocando fraternalmente suas preciosidades artísticas e artesanais. Era o Brasil de sempre, como se dizia, "tudo junto e misturado".

Descansávamos, eu e minha filha, conversando na varanda do nosso chalé, quando vimos chegar num pequeno veículo branco, o casal Pierre e Julie, acompanhados de mais duas pessoas, que pareciam ser da vizinhança. Estavam sendo aguardados por Doris e Peagno. Doris atravessou o jardim e veio até nós para fazer um convite, estendido a Gerald Lemman, que estava no chalé ao lado. Fariam naquela noite uma reunião espírita doméstica, com intercâmbio mediúnico. Os dois convidados, além de Pierre e Julie, eram duas servidoras do centro, que atuavam na instrução e no colegiado de médiuns da assistência espiritual. Vieram em socorro ao casal de franceses, que passavam por uma situação cuja particularidade não poderia ser atendida na casa espírita onde atuavam. Pierre e Julie ainda não conseguiam controlar suas habilidades mediúnicas e precisavam de ajuda, sobretudo nas crises de Pierre, que caía em diferentes personalidades existenciais antigas, causando grave confusão mental. Os tratamentos magnéticos e estudos já estavam em andamento, mas era preciso treino de controle. As duas médiuns convidadas, Ana Rosa e Cecília, com auxílio de guias, fariam um nova tentativa de ajuste perispiritual em Pierre, usando sua própria vontade e energia psíquica, efeito da mediunidade aflorada na Escola de Aprendizes e Curso de Passes. Elas tinham larga experiência com terapia de vidas passadas e, além do centro, atuavam como pesquisadoras no Instituto de Ciências Psíquicas. Pierre e Julie achavam que o caso deles se tratava de interferência de obsessores ou então mentores familiares, mas o Dr. Peagno entendeu que era realmente um caso de ruptura na memória espiritual.

Sentamos todos em torno da mesa da sala de jantar e, à moda espírita tradicional, colocamos uma jarra de água para fluidificar. Fizemos uma leitura apropriada para reflexão, seguida de uma prece feita por uma das médiuns, e aguardamos as manifestações. Alguns segundos depois Pierre já dava sinais de perturbação: pronunciava frases num português antigo e também em um francês que causava estranheza em Julie, que já havia se pronunciado sobre isso pouco antes da reunião, por ser sotaque de estrangeiros que vivem na França.

Pierre sentia fortes dores de cabeça e reclamava de uma incômoda sensação de angústia. De repente ficava paralisado e não conseguia dizer uma única palavra, debruçando-se sobre a mesa com os braços pra trás e as mãos encolhidas.

Cecília levantou-se para impor as mãos sobre sua cabeça, ministrando magnetismo espontâneo. Pierre sai da posição tensa, coloca as mãos sobre a mesa e corrige sua posição vertebral. Está mais sereno, mas ainda respira com dificuldade.

Ana Rosa inicia então um relato de vidência e abre com Pierre um diálogo no qual a médium lhe faz perguntas sobre as cenas que ela descreve. Ele responde dizendo que vê as mesmas cenas, indicando que entraram em sintonia de reminiscências. Ela pergunta onde está e ele responde que está numa praia deserta na companhia de uma mulher e que conversam e se desentendem sobre uma viagem que precisa fazer para bem longe e que por isso ela não pode ir e que ele talvez não volte.

Ana Rosa pergunta que lugar é esse e para onde pensa em viajar. Pierre responde que está na Praia Grande, distante de Santos e nos arredores de São Vicente, pois não poderiam ser vistos juntos. Ele diz que sente muito mas terá que ir e pressente que ela não resistirá a essa mudança. Pede que se acalme e se resigne, mas parece que não a convence. Sua angústia aumenta ao ver-se numa outra cidade, que diz ser em Portugal, onde sofre perseguições. Ele é um padre livre e mora na casa de um amigo influente, mas tem que fugir para não ser morto por inquisidores a serviço de pessoas às quais causou inveja e repúdio, por suas idéias e projetos de grande admiração pelo público. Esse temor causa a sua morte precoce, quando volta a ver a sua amada em situação de idêntica angústia, agravada de culpas e remorsos. A mulher cometera suicídio no mesmo dia da sua partida. Ele chora e diz que nunca mais a verá pela eternidade.

Pierre agora se vê na sua terra, a França, mas não é francês. É um pequeno homem, sempre inquieto e envolvido com oficinas e aviões antigos. É feliz pelo sucesso da sua profissão, mas sempre é assaltado por uma angústia e solidão indescritíveis. Arrisca sua vida em voos com máquinas barulhentas, mas nunca lhe acontece nada. É muito admirado pelo público.

Agora se vê novamente no Brasil, velho e vivendo sozinho num quarto de hotel. Vive de lembranças e toma desgosto pela vida, apesar da fortuna, conforto e do prestígio que tem. É famoso e tratado como um herói. Mas uma terrível sensação de tristeza novamente lhe invade a alma. Não resiste e se enforca no próprio quarto.

Pierre não consegue respirar e quase cai da cadeira, sendo amparado por mim e por Nadja. Logo se recompõe.

Ana Rosa pergunta se pode compreender o que se passa. Ele responde que precisa de mais tempo para organizar os pensamentos e as lembranças.

Ele se recorda de mim e de Nadja, como antigos vizinhos em Santos e que o ajudamos nas duas existências. Na existência na qual se enforcou, eu e Nadja éramos seus serviçais no hotel só voltamos a nos ver muitos anos depois, em Alvorada Nova, uma colônia espiritual localizada em nossa região.

Lembrou que teve uma terceira e rápida existência, agora no interior do Rio de janeiro, onde foi atingido por uma paraplegia na infância, provocada por uma queda acidental. Era o efeito do suicídio por enforcamento. Seus pais nessa existência eram os mesmos que teve numa outra existência, bem antiga, quando viviam na Itália. Nessa época ele era um navegador famoso por suas viagens ao extremo Oriente, fascinado pelas invenções e raridades chinesas.

Ana Rosa pediu para que não forçasse mais a memória, pois desencadearia outras lembranças desnecessárias naquele momento. Mesmo assim, lembrou que Julie era a companheira que conhecera em Santos e que se matara atirando-se no canal do porto. Ambos foram, em diferentes épocas, internos do Manicômio e do Hospital Maria de Nazaré, na esfera espiritual do Burgo Esperança. Dias atrás, no centro espírita, reconheceram eu e Nadja, vagamente, mas com sentimentos de muita simpatia.

Em seguida, percebendo a minha inquietação, Ana Rosa dirigiu-se a mim pedindo que eu tirasse as mãos da mesa e estendesse os braços para o chão, soltando os ombros, e buscasse uma posição mais confortável na cadeira. Nesse instante fui sentindo meu corpo adormecer lentamente e fui tomando por um sono profundo e comecei a ver cenas, como se fosse um sonho silencioso, porém muito real. Ana Rosa pede que eu descreva o meu percurso.

Estou agora caminhando na mesma alameda das Torres mas sem a bifurcação. Alguém está caminhando ao meu lado, porém não consigo vê-lo. Essa pessoa me conduz e vai me dizendo coisas que eu pergunto e também as que acha necessário que eu descreva. Vou em direção a uma gigantesca torre ingressando rapidamente no seu interior. Quero saber onde estou e me informa que é a Torre do Tempo. Um casal de jovens me chama a atenção. São Pierre e Julie. Eles não me reconhecem ou então, por algum motivo, não percebem a minha presença. O casal percorre um dos longos corredores da Torre do Tempo, edificação muito conhecida na grande metrópole espiritual Esperança. A torre de muitos andares não é a única naquela vasta paisagem, que parece ser a extensão de uma grande região serrana e do burgo onde estamos hospedados. A Torre tem o formato de uma pirâmide, revestida externamente de material eletromagnético que lembra as modernas telas de cristal líquido de televisão e dos computadores. A edificação pode ser observada de qualquer ponto da cidade e se move em sentido circular sobre uma base vítrea, rodeada pelas águas de um enorme lago que não nos pareceu artificial. Por mecanismos que ainda desconhecemos na Terra, a torre gira em torno de si mesma e, semelhante a um gigantesco e vivo diamante, muda de coloração ao receber milhares de sinais vibratórios vindos de todos os pontos urbanos. O movimento luminoso espetacular dessa enorme antena de recepção e emissão somente poderia ser comparado, de longe, ao fenômeno da aurora boreal encontrado nas regiões frias do Polo Norte.

Como nas grandes metrópoles, Esperança nunca dorme, porém, no período noturno, parte significativa dos habitantes descansa de inúmeras formas, incluindo o sono. Nesses momentos de repouso a Torre recebe a maior carga de emissões energéticas mentais, ampliando um espetáculo visual maravilhoso que gostaríamos de descrever nos mínimos detalhes, mas que a linguagem escrita e as limitações das nossas analogias não podem dar conta, tamanho o espanto que causa nos visitantes.

O corredor no qual o casal caminha em busca de esclarecimentos é muito extenso, percorrendo três lados da torre, sendo repleto de salas e auditórios, e leva ao Centro de Estudos Existenciais, ponto central e nervoso do edifício e que se intercomunica com outros departamentos de pesquisa e atividades reencarnatórias. Como nas demais descrições sobre cidades do Além, a Torre do Tempo em Esperança possui três grandes centros, compostos de inúmeros núcleos de experiências teóricas e treinamentos existenciais. Tais núcleos são agrupados por afinidade de conhecimento e interesse em cada um dos grandes centros denominados e dispostos aquitetonicamente de acordo com as suas respectivas vocações:

O Instituto do Passado e do Inconsciente, cujo símbolo é a memória e o eixo de estudos são as reminiscências; o Instituto do Presente, tendo como símbolo a consciência e como eixos temáticos a regeneração e os campos de provas; e o Instituto do Futuro, tendo como símbolo a super-consciência e como eixo temático os planos de vida e evolução.

Como junção dos três institutos de pesquisa, a torre piramidal tem no seu âmago, que vai da base até o topo, uma grande mandala geométrica, que também muda sua posição bipolar, de baixo para cima e de cima para baixo, conforme a intensidade de vibrações captadas no plano externo, representando ora o Universo, ora a Mente; ora a Existência, ora a Consciência. Quem ali permanece para observar, estupefato, dependendo da capacidade e interesse de percepção, é tocado intimamente pela dinâmica visual e psíquica (pois não são apenas os sentidos comuns que ali se manifestam), e vê num instante um grande relógio funcionando no sentido horário e objetivo; e num outro instante uma enorme bússola indicando subjetivamente o norte por que todos anseiam. Em alguns momentos o relógio e a bússola se interpenetram, demonstrando as curiosas nuances da interconexão entre corpo e mente

Chegando a um dos núcleos do Instituto do Futuro, Pierre e Julie são conduzidos por assistentes de informação para um vasto salão onde centenas de espíritos aguardam instruções. Com exceção dos servidores que ali trabalham, as vestimentas dos frequentadores são muito semelhantesàas que usamos em nosso plano, guardando as devidas diferenças de gosto e época nas quais os usuários viveram quando encarnados. Os trajes e acessórios típicos das primeiras décadas do século 20, bem como os mais recentes, tinham aparência nova e caimento harmonioso, refletindo o estado íntimo dos portadores.

Os participantes conversavam em pequenos grupos e poucos permaneciam isolados, já que o ambiente era convidativo para o contato humano e afetivo. Mesmo aqueles que se mostravam introspectivos tinham a companhia de alguém, também em postura discreta e disponível para ouvir qualquer manifestação, verbal ou não. O casal logo é acolhido por um dos grupos, cujas conversas revelam uma preocupação comum: a dificuldade cada vez mais crescente de reencarnar em ambientes idealizados, restando somente as opções que a maioria receia, por não ter condições morais para enfrentar os desafios. Chama a nossa atenção nesse grupo o tema discutido abertamente entre os participantes: egoísmo e o comportamento defensivo. Alguns não se constrangem em revelar que falharam gravemente nesse aspecto e que agora lamentam a falta de oportunidades para renascer em corpos e núcleos familiares e amigos. Alguns relatos são tocantes e causam comoção em alguns integrantes daquela conversa franca e informal. Nenhum deles se atreve a comentar as experiências dos outros fazendo qualquer tipo de juízo a respeito do que ouvem no círculo.

Eles estão sentados em poltronas confortáveis e no centro do grupo surgem espontaneamente, em pequenos intervalos, imagens holográficas, as quais projetam situações reais de pessoas encarnadas. Nessas imagens tridimensionais os encarnados expressam de maneira enfática pontos de vista e justificativas para o modo de vida que adotaram a partir de determinados momentos das suas existências. As cenas causam entre os expectadores do grupo reações que vão da decepção até as mais profundas reminiscências de culpa e remorso. Numa delas, Pierre e Julie participam de um programa de televisão sobre o curioso mercado de pet shops e sua variedade de serviços: banhos, produtos de higiene, embelezamento e até festas de aniversário dos bichinhos, com farta mesa de comes e bebes para os convidados. A cena faz calar o grupo quando a entrevistada diz que ela e o marido fizeram a opção de "não ter filhos", escolha, segundo ela, pensada e madurecida a dois. Terminada a entrevista, o holograma virtual se desfaz e o grupo volta para as suas reflexões pessoais.

Nesse momento o casal recém chegado pede licença para se retirar e se dirige a um dos assistentes de informação, que observam atentamente as discussões dos grupos. Incomodado, o casal se retira e quer saber onde buscar novas orientações, palestras ou aconselhamento terapêutico mais específico. Depois de uma longa conversação com um dos assistentes, este sugeriu que buscassem em um núcleo do Instituto do Presente a permissão para frequentar uma escola de adaptação de crianças recém desencarnadas. O casal já entendeu matematicamente o desequilíbrio entre a demanda e oferta de corpos e ambientes afins para reencarnação.

Quando encarnados, não cultivaram os laços familiares, afastando-se até mesmo daqueles que haviam lhes permitido a experiência na carne. Arrependidos, não conseguiam se aproximar dos entes encarnados. As portas da afinidade estavam fechadas. Todavia, poderiam abrir novos caminhos. Poderiam frequentar por algum tempo esse núcleo infantil, onde compreenderiam melhor a vivência da paternidade e da maternidade. Eles observariam, em estudo sistemático de aprendizagem, o encontro de pais encarnados e filhos desencarnados, durante o período de sono físico. Presenciariam de perto a dor da separação e a angústia da saudade.

A volta à carne de que tanto precisavam só seria possível em ambientes "estranhos" e socialmente precários. Seria também o início de uma conquista gradual do altruísmo.

Acordei com Ana Rosa perguntando se eu me sentia bem. Ainda estava meio confuso. Ela me disse que a experiência de desdobramento foi espontânea e que os guias espirituais nem precisaram usar recursos magnéticos. As cenas que você viu estão gravadas nos arquivos da Torre, onde Pierre e Julie prepararam a atual encarnação deles. Você entrou no campo magnético ou akásico e fez uma leitura dessas experiências do casal aqui presente.

Julie e Pierre, apesar de terem lembranças tão vivas como as que vi, ficaram emocionados, pois foram tocados na memória perispiritual. Reencarnaram na Europa, porém cresceram em lugares diferentes, em extrema pobreza, numa região dos Balcãs, assolada por guerras entre sérvios e iugoslavos. Perderam os familiares e fugiram da guerra ainda crianças e foram resgatados como refugiados em diferentes locais e depois encaminhados para abrigos em uma cidade da França. Lá foram adotados por casais noruegueses e franceses, com quem passaram o restante da infância e início da adolescência. Mais tarde se conheceram em Paris, como estudantes da escola de engenharia aeronáutica. Eles confirmaram que tinham esse dilema íntimo de não terem filhos, mas conseguiram conviver com o conflito pensando que era apenas uma culpa cultural. Quando vieram trabalhar no Brasil, o mesmo sentimento de culpa passou a incomodá-los, somando-se aos problemas psíquicos que se manifestaram durante a reunião. Eles não pareciam chocados com todas essas informações, entretanto demonstraram muito interesse na busca de soluções. O Dr. Peagno lembrou que nada era coincidência e que no tempo e momento certos conseguiriam equacionar as coisas. Eles ficaram contentes e confessaram que já haviam traçado um novo plano de vida e que a solução estava no próprio Burgo Esperança. Doris sorriu para eles, parecendo entender do que se tratava.

Terminada a reunião, recompostos, passamos a conversar sobre a partida dos grupos para o Norte. Ali ficamos sabendo que nos deslocaríamos com a ajuda das Passarolas. Juntamente com Clóvis e outros técnicos do Burgo, o casal de engenheiros havia traçado um novo plano e trajeto de deslocamento. A ideia precisava ser aprovada por todos e a consulta seria feita na manhã seguinte, durante a visita ao Pindorama Modelo. Era um plano de rota mais seguro, em todos os aspectos, e com a vantagem de manter disponíveis os balões em alguns pontos estratégicos dos novos núcleos. Os locais de pouso e descanso foram definidos visando à proteção dos equipamentos contra ventos e tempestades.

A empresa que ajudou na construção das Passarolas tinha interesses científicos no desempenho de longo alcance desses veículos alternativos e já planejava propor ao Burgo uma parceria na fabricação e fornecimento dos mesmos para outras regiões da América, África e Oceania. Pierre e Julie ficaram tão envolvidos com esse projeto que já pensavam em se demitir da empresa para acompanhar os grupos e se fixar em um dos Pindoramas. Não foi necessário, por enquanto.

O superior deles fez a proposta de parceria ao Dr. Peagno e insistiu que o casal participasse como supervisores técnicos do novo projeto. A empresa forneceria suprimentos e outros equipamentos de suporte para ajudar no desenvolvimento dos Pindoramas. Clóvis conhecia as possíveis repercussões dessa proposta e pediu um tempo para avaliar riscos e vantagens. Também queria consultar os núcleos associados sobre a conveniência desse contrato. A empresa ressaltou que Pierre e Julie, independente da resposta de Clóvis, poderiam seguir como colaboradores e, se quisessem, como deslocantes fixos, desligados da corporação, recebendo todo o apoio necessário; e também seriam mantidas as doações de suprimentos e equipamentos.

Clóvis havia nos adiantado que não via nenhum obstáculo geopolítico na parceria e que até seria uma ótima oportunidade para ampliar ações diplomáticas nas regiões vizinhas. O resto era apenas questão de protocolo.

Encerramos aquela noite memorável e cheia de emoções numa conversa muito fraterna.

Ana e Cecília tiveram que retornar mais cedo para suas casas, e delas nos despedimos com profunda gratidão pela ajuda ao casal e pelas lições recebidas delas e dos seus mentores.

Nadja nunca havia tido contato espiritual daquela forma. As duas colaboradoras informaram que durante alguns momentos dos trabalhos ela se desdobrou e conversou com os mentores, de forma espontânea e consciente. Ela também foi, desdobrada, até a Torre do Tempo, mas logo retornou dizendo que eu havia ficado lá na companhia de alguns "médicos". As servidoras alertaram que a sua mediunidade seria de muita utilidade para os serviços de socorro espiritual à distância. Realmente havia percebido que ela agiu naturalmente e que, eu mesmo, havia me surpreendido com essas habilidades dela, mais ainda com a sua espontaneidade em servir e atuar durante a reunião. Depois me lembrei que, durante o período que permanecemos no Burgo, ela havia frequentado um colégio regular e também a Mocidade do Bezerra de Menezes, a convite de colegas da escola.

Na Mocidade o grupo de Nadja estudava um currículo muito parecido com Escola de Aprendizes do Evangelho, sem experiências mediúnicas, porém com muitas atividades externas de confraternização e ações voluntárias, geralmente aos sábados e domingos. No colégio, durante a semana, as atividades de aprendizagem eram bem diferentes das escolas que conhecíamos. Tudo era muito compactado em formato de eventos multidisciplinares, nos quais os alunos conheciam os projetos e os currículos antes do ingresso e depois se agrupavam por afinidades de gostos e interesses.

As escolas para crianças tinham organização semelhante, mas as de jovens eram mais flexíveis nos horários e opções de cursos, realizados em todas as academias e institutos. Todos os cursos, incluindo os de artes, tinham algum tipo de relação prática com os setores produtivos e de serviços do Burgo. Quis saber como tinham conseguido mudar a educação e o ensino, atividade social que permaneceu praticamente intacta durante décadas no Brasil. Nadja teve essa mesma dúvida e seus professores explicaram que os gestores responsáveis pelo projeto educacional do Burgo tiveram que reformular as práticas de ensino em virtude da nova dinâmica social, cada vez mais instável; e também da rotatividade de moradores não fixos que buscavam ajuda no Burgo. Esse era o motivo pelo qual sempre víamos muitos estudantes circulando pelo Burgo, durante o dia e também à noite. Andavam sozinhos ou em grupo, frequentando as aulas nos institutos e realizando atividades práticas experimentais.

Nadja adorava tudo isso e só nos víamos antes de deitar ou então nos fins de semana. Conversamos algumas vezes sobre essa dinâmica veloz das escolas e cursos e também sobre os relacionamentos entre os alunos, para saber se não havia nenhum tipo de carência ou exagero. Nada demais. Essa geração desenvolveu outros tipos de vínculos, bem diferentes dos nossos, sem apego e rigidez, certamente para se protegerem da incerteza sobre o futuro. Por isso sofriam menos do que nós, pois têm maior capacidade de adaptação. Isso muito me aliviou, saber que a minha filha era, em muitos aspectos, bem mais madura e resolvida do que eu. Esse também era o tipo de ensino e educação que funcionaria nos Pindoramas.

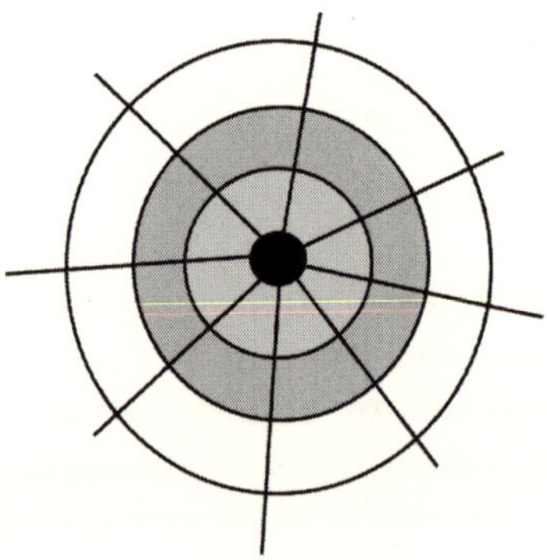

# 9 Marco Zero

Não sei explicar o motivo, mas naquela noite, bem antes de deitar, comecei a pensar nas personalidades marcantes da história brasileira. Pode ter sido uma impressão causada pela reunião de socorro a Pierre e Julie e da revelação sobre suas antigas personalidades.

E também porque essas pessoas tiveram em comum, de certa forma, a tarefa de reinventar o Brasil. Casa uma delas tinha como ideal um projeto de vida e uma utopia.

Qual teria sido a reação deles diante desses acontecimentos que fragmentaram o nosso território em benefício de outras nações?

É claro que o contexto e as circunstâncias são muitos diferentes, mas, ainda assim, gostaria de vê-los reagindo e opinando sobre tudo isso.

A partilha territorial seria uma questão de soberania nacionalista ou de solidariedade universal? As nações acolhidas teriam a mesma postura diante de uma situação inversa? Por que não houve nenhuma reação contrária significativa? Fomos todos realmente pegos de surpresa ou já havia uma intencionalidade na ocupação desses espaços, tendo os acontecimentos naturais e incidentais apenas favorecido esse antigo projeto de ocupação?

Alguns acham que na verdade tivemos sorte, pois, caso não tivessem ocorrido esses incidentes, a ocupação teria sido forçada pela violência dos assaltos militares.

Fiquei imaginando também como nossos antigos líderes teriam conduzido as negociações, caso percebessem que não haveria nenhuma possibilidade de resistência. Que ministros e assessores os poderiam estar ajudando a tomar decisões e que argumentos eles apresentariam para justificar suas indicações? Lembrei dos estadistas que tiveram que deixar o poder e até o solo brasileiro em função das crises de seus governos. Lembrei também dos rebeldes históricos, que não tinham mandatos, porém agiram pensando numa possível mudança de rumos para o nosso país. Teríamos futuramente um governo funcionando nos formatos antigos ou teríamos que reinventar a nossa política, sem a presença de líderes de massas, figuras carismáticas e sacralizadas? Ou simplesmente não teríamos mais Estado e governos?

Os Pindoramas não poderiam ter como motores políticos as cores e preferências ideológicas das velhas práticas eleitorais e de governos autocráticos. O nosso ideal de nação se manteria vivo como história e memória social, mas sem a conotação exclusivista, separatista e sectária. Nossos vícios clientelistas, que alimentaram durante séculos as desigualdades incorrigíveis, não deveriam mais encontrar eco nos Pindoramas, simplesmente porque eles foram pensados para repudiar as disputas de poder e as ideologias sectárias, já que os centros são os grupos e não as pessoas.

O exemplo do Burgo Esperança estava ali para nos lembrar que "todos podem exatamente porque todos devem", sendo intransferíveis as responsabilidades pessoais. Nossos novos vizinhos de fronteiras também caminhavam nesse sentido, mesmo porque também estavam começando uma nova forma de convívio social, rejeitando o modelo de Estado que quase os levou ao aniquilamento. Certamente poderíamos, nesse campo, mais aprender do que ensinar, já que muitos deles tinham longa experiência na cultura da cidadania. Haveríamos de encontrar o nosso próprio jeito de nos governar, dentro desse novo espírito planetário.

A manhã de domingo estava um pouco fria, mas o céu estava limpo, apenas com algumas manchas de nuvens, longas e esticadas pelos ventos.

Era um sinal de que o outono estava se aproximando e teríamos que enfrentar gradualmente a chegada das baixas temperaturas durante a nossa jornada. O silêncio me fez pensar nos mais antigos habitantes da região, de como viviam e de como enfrentavam o frio constante das matas e os invernos mais intensos, próximo à Mantiqueira. Nossos índios não cultivavam a tecelagem dos vestuários e protegiam os corpos apenas com o calor das fogueiras e o aconchego das ocas.

Durante o voo nas Passarolas de Pierre e Julie alguém comentou que, em determinados lugares, era possível enxergar trechos do peabiru, antigo caminho indígena entre o litoral e os planaltos, construído em vários pontos do Brasil há mais de mil anos. Com a chegada dos portugueses o peabiru passou a ser utilizado como rota de exploração entre São Vicente e a região do Prata e diversos pontos do sertão, ao Norte. O trecho identificado próximo ao Burgo provavelmente era o que ligava o litoral ao Planalto Piratininga e este a Minas e Goiás. Era conhecido também como Trilha dos Guaianases ou Caminho de São Paulo e passava por Guarulhos e Mogi da Cruzes até chegar no Vale do Paraíba: Jacareí, Taubaté, Pindamonhangaba e Guaratinguetá. Neste ponto, o peabiru se dividia em dois ramais: ao Sul, em direção a Cunha e ao litoral e Paraty; e ao Norte, para a serra da Mantiqueira em direção ao rio da Velhas. Todos esses pontos eram antigas aldeia indígenas e mais tarde arraiais portugueses de garimpo e reduções jesuítas. Os índios, coletores e caçadores, eram andarilhos natos e os peabirus eram suas estradas de deslocamento permanente, com piso de pedras nos trechos mais inclinados e uma grama rasteira, cujas sementes grudavam nos pés e se espalhavam naturalmente durante as longas caminhadas. Alguns ramais, que tinham cerca de 1,5 m de largura, atingiam distância de até três mil quilômetros, chegando até a Amazônia.

Quem me explicou em detalhes as origens e uso do peabiru foi Nadja, durante uma de suas aulas na escola regular. Um grupo de professores e alunos realizava todos os anos, em época de inverno, expedições em busca de trechos da velha estrada. Alguns deles afirmavam que os peabirus eram de origem dos incas, que na época pré-cabralina já exploravam ouro e diamantes no território brasileiro, por eles chamados de Biru. Por sugestão desses pesquisadores, depois de novos entendimentos e da decisão de uso das Passarolas, nosso trajeto para fundar os Pindoramas seguiria, pelo ar e pela terra, a rota norte do peabiru vicentino ou paulista.

Às oito horas a praça que ficava em frente à Governadoria já estava repleta. Foi o ponto de encontro escolhido para o anúncio e visita ao Pindorama experimental. Uma música suave e alegre animava ainda mais o ambiente fraterno e cheio de expectativas. Crianças corriam e brincavam contentes em meio aos adultos, dando mais vida e brilho ao dia que começava. Havia pelo menos umas 400 pessoas, de todas as idades, incluindo os professores e jovens expedicionários que identificaram e traçaram a rota do peabiru. Eles também se deslocariam conosco, como batedores e como pesquisadores dessa nova experiência que poderia se espalhar por todo o território brasileiro.

Era um momento histórico para o Burgo e para todos os brasileiros e amigos de outras terras que conosco buscavam refundar o nosso País. As partidas de deslocamento para a fundação dos Pindoramas aconteceriam em vários pontos do nosso território, no mesmo dia e no mesmo horário, cada qual seguindo rotas e meios próprios, segundo suas condições e objetivos. Tudo aconteceria em 22 de abril, dia da chegada da frota de Pedro Álvares Cabral a Porto Seguro, na Bahia. Os Pindoramas seriam fundados de acordo com os planos de cada grupo, sendo preparados durante os próximos oitos meses. Todos seriam igualmente inaugurados no dia 22 de janeiro, data da fundação em São Vicente da primeira Vila e Câmara Municipal do Brasil. Este foi um acordo cívico entre os 300 proponentes da Expansão dos Pindoramas, movimento de grande amplitude liderado pelo professor Francisco Emmanuel.

Às nove horas teve início a caminhada para o sítio experimental. A maioria dos participantes, como nós, ainda não conhecia essas instalações que durante alguns anos funcionou como laboratório funcional e aplicação das pesquisas acadêmicas do Burgo.

Ao chegarmos fomos recebidos pelos próprios moradores, que haviam organizado a exposição do núcleo e também, juntamente com os Conselhos, a festa de partida e despedida para o Norte.

No portal de entrada do Pindorama havia um grupo de jovens com trajes antigos que lembravam os antigos bandeirantes, indígenas, jesuítas e as gentes que se reuniam durante as Partidas de Monções. Eles saudavam os visitantes oferecendo mudas de pau-brasil e outras espécies de árvores madeireiras e frutíferas, fartas na época da colonização.

Fomos todos em direção ao grande círculo do Arraial, onde havia um marco padrão de pedra, em estilo português antigo, em torno do qual o Dr. Peagno e os Conselheiros do Burgo se reuniram para explicar o significado daquele encontro. Ele lembrou que o tom cívico e festivo era sempre bem-vindo e saudável, porém aquele evento simbólico era na verdade uma visita técnica e científica, para coroar e reconhecer o trabalho de longos anos dos pesquisadores que idealizaram e materializaram o projeto dos Pindoramas. Cada detalhe deveria ser observado, estudado e refletido porque fora produto do esforço cuidadoso dos pesquisadores e dos moradores que se submeteram disciplinadamente aos experimentos de produção e convívio, reunindo um precioso acervo de experiências para os futuros núcleos.

Os primeiros doze lotes já estavam se preparando para a segunda fase de expansão e isso indicava que os planos haviam sido bem feitos e coroados de êxito em suas previsões. Novas famílias poderiam ser admitidas e educadas nesse novo conceito de sociedade em construção, tal qual fizeram os nossos ancestrais portugueses e também os nossos irmãos israelitas que se fixaram na Palestina no início do século passado. Dali eles poderiam partir futuramente como empreendedores e multiplicadores dos novos Pindoramas.

Os moradores haviam montado no arraial uma pequena feira de trocas e vendas de produtos dos seus lotes, incluindo alimentos artesanais para o lanche dos visitantes. Dali fomos divididos em grupos menores para conhecer todas as instalações, sempre monitorados pelos moradores e pelos técnicos das Academias que atuaram no projeto.

Conhecemos cada um dos compartimentos coletivos e particulares dos lotes, encerrando a visita num recinto onde funcionavam as reuniões comunitárias e uma espécie de bolsa cooperativa de negócios. Os cooperados tinham permissão para comercializar produtos e serviços e parte dos lucros era direcionada para a manutenção do Pindorama. Como se tratava de um projeto experimental, o Burgo não tinha participação nos lucros, mas tinha o controle gestor geral da propriedade, fomentando novos experimentos e abrigando novos moradores, após a devida triagem de necessidades e aptidões.

Antes da visita não tínhamos ideia de como realmente eram os Pindoramas, a não ser por imagens. Ali pudemos ver a realidade cotidiana que nos aguardava, conhecendo soluções e também problemas ainda não resolvidos satisfatoriamente. Teríamos um tempo para a implantação de cada etapa do sistema, prevendo riscos, falhas e obstáculos possíveis. Fomos informados que em todos os núcleos já havia moradores inscritos para seleção e capacitação aguardando as ordens de chamada para o ingresso. Os vinte núcleos geridos pelo Burgo Esperança optaram pelo adiamento mais longo possível dos ingressos e só chamariam seus inscritos depois de um ano de funcionamento, tempo julgado o mínimo necessário para avaliar os avanços e limitações do funcionamento dos lotes ocupados. Enquanto alguns núcleos já faziam admissões imediatas, para reforçar a mão-de-obra e acelerar a implantação, os nossos se concentravam na qualificação técnica e principalmente ética dos novos moradores. Os ingressantes deveriam ser treinados nesses dois campos de conhecimento. Como havia liberdade religiosa e filosófica no sistema como um todo, o Burgo Esperança adotou como particularidade a escolha optativa da Escola de Aprendizes do Evangelho, de orientação espírita e espiritualista; e como escolha obrigatória a Escola de Valorização da Vida, de orientação humanista. A capacitação técnica era sempre obrigatória.

Observando todas essas medidas e cuidados para proteger o desenvolvimento dos Pindoramas, me ocorreu novamente uma dúvida que tive logo nas primeiras vezes que tivemos contato com essa ideia, mas achei precoce a minha manifestação, até porque ainda não conhecia o projeto em alguns aspectos. Era a questão dos conflitos e principalmente da criminalidade. A estrutura dos conselhos e os estatutos existentes no Burgo contemplavam a questão da segurança e até previam a punição socio-educativa, em alguns casos de forma rigorosa, como, por exemplo, a expulsão individual e/ou familiar em caso de reincidência.

Porém, ainda restava a dúvida sobre os crimes mais graves, contra a vida e contra a dignidade humana. Não tínhamos um Estado e sociedade civil comum, com seus múltiplos documentos e narrativas segmentadas; e também não sabíamos até que ponto as nossas práticas regulatórias e punitivas eram legítimas. A ausência do Estado ou a presença mínima do que sobrou dele não era suficiente para responder a essas questões. O Burgo já possuía um lastro social histórico que lhe facultava agir com mais liberdade nessas questões. Os Pindoramas poderiam contar com essa legitimidade, como uma extensão do direito consuetudinário ali praticado?

Tínhamos um manual de instruções e de conduta e em breve teríamos também o estatuto do nosso Pindorama, herdados do Burgo. Mas herdaríamos também essas lacunas sobre as questões comportamentais mais graves.

Qual seria o nosso ponto norteador e referência? Certamente o Burgo Esperança, e certamente também encontraríamos situações que nos desafiariam nesse sentido.

Conversei com O Dr. Peagno e com Lemman sobre esse assunto e os dois tiveram idêntica opinião: "Os mansos herdarão a Terra".

A transição pela qual passamos nos deixa incertos e inseguros em muitos aspectos porque não nos livramos das marcas do passado em que predominava o mal e, por outro lado, ainda não efetivamos o predomínio do bem. As tragédias cíclicas e naturais promoveram o desencarne e expurgo de muitas almas que ainda impediam a transformação moral do planeta, porém, mesmo em processo de regeneração, ainda guardamos, em nós mesmos, muitas reminiscências que ainda nos levam a cometer erros e desatinos. A diferença é que hoje, dotados de conhecimento e um pouco mais de consciência, podemos ter um olhar diferente sobre esses erros e principalmente na forma de corrigi-los.

Lembrei também que foi em aulas que assistimos sobre direito de trabalho e propriedade, no Instituto de Produção e Abastecimento, que ouvimos do expositor técnico essa reflexão sobre possíveis conflitos e demandas judiciais, entre os moradores e concessionários de lotes. A mesma também se aplica aos crimes já citados:

> Quando a justiça é aplicada como acusação na mesma proporção que é aplicada como defesa; e quando a execução da mesma é feita com a responsabilidade coletiva dos colegiados, igualmente pautados nos princípios que estão sendo julgados, não há o que duvidar nem o que temer, mesmo que haja erro ou algum tipo de desvio cuja correção foge, naquele momento, ao alcance dos aplicadores da regra. Exceto nas penas capitais, que repudiamos como punição e solução educativa, não há nada que não possa ser de alguma forma restaurado e reparado.

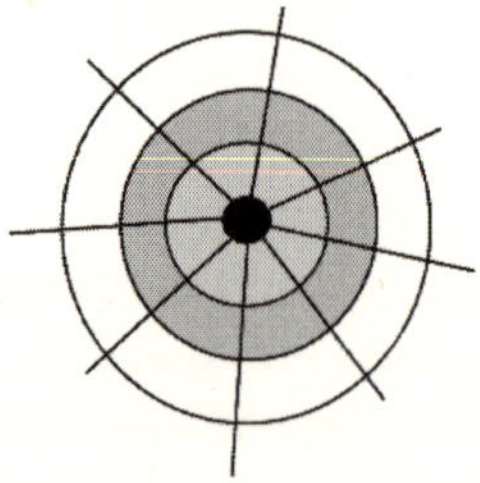

Chegou o grande dia. Estávamos todos eufóricos e apreensivos pela viagem e também tristes por ter que deixar aquele lugar maravilhoso que nos acolheu num momento tão difícil de nossas vidas. Saímos arrasados do litoral e chegamos completamente perdidos ao centro de orientação no planalto e de lá viemos para nos preparar para uma nova jornada. O Burgo era realmente um refúgio de esperança e plano para o futuro.

Depois das despedidas dos nossos anfitriões e amigos mais próximos, seguimos para encontrar os demais grupos no Pindorama experimental. As Passarolas já haviam sido preparadas e estavam estacionadas em torno do arraial, apenas esperando que os passageiros embarcassem com suas bagagens. As cargas já haviam sido distribuídas.

Julie e Pierre, bem como os demais condutores, fizeram testes com os próprios passageiros, ensinando alguns procedimentos de segurança para a partida e também durante o percurso. Partimos às oito horas em ponto. O aperto no coração foi intenso, mas foi diminuindo à medida que nos afastávamos do Burgo.

Eu e Nadja estávamos na Passarola conduzida por Julie, o que sinceramente nos deixou mais tranquilos, por causa da sua habilidade, cuidado e conhecimento de navegação. Claro que todos os condutores estavam capacitados, porém com ela nos sentíamos mais seguros.

Tupy, Pery e Cecy foram separados em três passarolas. Julie lembrou que a nossa primeira parada aconteceria às 13 horas, quando nos reuniríamos para um almoço e uma rápida avaliação dessa primeira etapa da viagem.

Novamente o tempo passou rápido. Voamos cerca de cinco horas. Eram muitas dúvidas e perguntas, sempre estimuladas pelo deslumbramento diante da bela paisagem da Mantiqueira. Por causa do relevo serrano, a cada instante tínhamos um novo horizonte, que despertava novas curiosidades e questionamentos.

Passamos por momentos em que a neblina impedia completamente a visão, mas Julie não se incomodava, pelo contrário, era o momento de utilizar e explicar a utilidade dos equipamentos de navegação e os rumos que estávamos tomando. Num desses instrumentos, um radar, víamos o movimento das outras Passarolas. Julie e seu assistente se comunicavam constantemente com elas, trocando informações sobre as condições do tempo e da rota comum que percorreríamos.

Por duas vezes tivemos que descer para fugir de ventanias que poderiam nos desviar. Nesses instantes aproveitávamos para fazer exercícios físicos, pequenas caminhadas de reconhecimento da área. Testamos também os aplicativos de busca de fontes de água, árvores frutíferas e animais. Tudo funcionando perfeitamente.

No período da tarde tudo foi muito tranquilo. Interrompemos a viagem às 18 horas. Essa seria a nossa rotina até chegar ao nosso destino. Essa parada diária para descanso noturno era importante para trocarmos impressões, estudar, avaliar e testar os equipamentos de viagem e de pesquisa.

A primeira tarefa era fixar as Passarolas no solo, em local seguro, e depois montar o acampamento, armando e dispondo as barracas em locais estratégicos. Tudo era feito de forma rápida e sincronizada, assim como acontecia nas partidas. Nas pontas dos acampamentos eram instalados radares cujos sensores denunciavam em nossos monitores qualquer tipo de movimento mais agressivo e incomum. Isso dispensava a ação de vigilantes.

Não fizemos fogueiras, pois não queríamos deixar vestígios e nenhum tipo de lixo e material estranho á natureza. Realmente não era necessário, pois tínhamos equipamentos de iluminação e aquecimento.

O acontecimento da noite foi a passagem sobre o acampamento de um gigantesco veículo espacial.

Eram mais ou menos umas 22 horas, e deixou todos perplexos e receosos, menos Pierre e Julie, bem como seus assistentes de voo. A nave tinha um formato triangular, lembrando uma asa delta em grandes proporções, com centenas de pequenas janelas circulares emitindo luz azul. Pierre correu para a nossa Passarola e ligou o radar interno para tentar uma comunicação com a nave. Não teve sucesso. Ela parecia não ter pressa, pois parou numa distância de 500 metros. Interessante é que não escutávamos nenhum ruído, nem do vento. Ela permaneceu ali por quase 20 minutos. Pierre insistia no contato, mas não obteve retorno. Julie apelou para uma lanterna sinalizadora, voltada para o céu, no sentido oposto ao da nave visitante, para não ser descortês. Nenhum sinal de volta. A nave partiu silenciosamente e, de repente, desapareceu. Todos ficamos muito curiosos, embora esse fenômeno não fosse mais estranho. Mas queríamos explicações. Julie e Pierre certamente tinham essas respostas, porém se mostraram cautelosos e até receosos de compartilhar o que sabiam, talvez para evitar alguma especulação. Disseram que não tinham certeza se eram alienígenas ou se era equipamento russo ou norteamericano. Pierre justificou as tentativas de contato, alegando que era um padrão da empresa onde eles trabalhavam.

Não questionamos, mas eu e Lemman ficamos desconfiados de que havia algo bem diferente do que ouvimos e que não poderia ser revelado sem o consentimento dos conselheiros.

Diante da inquietação de todos Julie entrou em contato com o Dr. Peagno solicitando que o Conselheiro Clóvis fizesse um esclarecimento aos deslocantes. Alguns de nós e de outros grupos comentávamos que a região para onde nos dirigíamos era repleta de OVNIs e que certamente veríamos coisas muito mais impressionantes. Apesar da hora avançada, quase 23 horas, o Dr. Peagno retornou o contato dizendo que Clóvis já se dirigia para a Academia mais próxima para realizar uma transmissão mais segura e de melhor qualidade. Não demorou muito e estávamos todos sentados diante uma tela holográfica aguardando o contato de Clóvis. Ele apareceu brincando que demorou um pouco porque havia esquecido de tirar o pijama e teve que voltar a casa. Mas disse que ia ser breve, para não prejudicar a partida que faríamos de manhã.

O Conselheiro nos tranqüilizou logo de início afirmando que a nave não era inimiga e já era velha conhecida dos centros de orientação. Ela trouxera para o Brasil muitas pessoas perdidas na Europa e na Ásia. O curioso é que os passageiros que recebiam socorro eram entregues em sono profundo, magnetizados, por não havia nenhum indício de substâncias químicas em seus corpos. Avisavam onde estavam os abduzidos em salvamento, em sacos de dormir, e depois desapareciam.

Clóvis lembrou que as ocupações americanas e russas nas regiões Norte e Nordeste foram muito influenciadas pelo programa aeroespacial brasileiro em Alcântara, no Maranhão; e no Rio Grande do Norte, na antiga Barreira do Inferno. O Brasil, durante muitos anos, recebeu da Ucrânia investimentos para o desenvolvimento de lançamento de foguetes em Alcântara, fato que desagradou os norteamericanos. Na época essa informação confidencial havia sido vazada pelo escândalo do Wikileaks, que revelou ao mundo diversas informações do governo dos EUA em relação aos países que flutuavam na sua esfera de controle diplomático.

O Norte e o Nordeste, segundo Clóvis, tornaram-se nos

últimos dez anos uma grande área de experimentos aeroespaciais, incluindo do governo francês, no Centro Espacial de Kourou, na Guiana Francesa. E alertou:

"À medida que se expande a nossa cultura tecnológica aumentam também a as aparições e intervenções alienígenas. Provavelmente eles já sabem do nosso deslocamento e intenção de povoar as fronteiras e já estão dando os primeiros sinais de contato. A nave que vocês viram é conhecida também pelos americanos e europeus e possuem estreitas relações com as pesquisas espaciais dos países que atuam nessa região. Como os russos e norteamericanos já possuíam know-how de viagens espaciais, os contatos foram se aprofundando numa tentativa de transferência de tecnologia, por parte dos terrestres, enquanto os extraterrestres resistem a tal transferência por causa do aspecto e intenção bélica por parte de alguns grupos que ainda insistem em políticas de agressão".

O Conselheiro avaliou que a visita da nave era somente uma operação de rotina e que a mesma devia ter vindo da Lua, local já explorado pelas nações tecnicamente mais avançadas e que também se tornou base de contato com alienígenas.

Clóvis encerrou seu esclarecimento insistindo que avançássemos sem receio porque os tripulantes da grande nave estão interessados na verdade nos Pindoramas. E iriam voltar mais vezes para novos contatos.

Na manhã seguinte decidimos partir mais tarde, já que poucos conseguiram dormir no horário normal. As conversas se estenderam até a madrugada. Todos queriam saber o que significava uma nave vinda da Lua. Que tipo de seres estavam na Lua e o que eles pretendiam com os Pindoramas.

Os esclarecimentos de Clóvis no centro espírita nos deixaram mais calmos em outra ocasião, mas aquela informação sobre a Lua naquela noite desconstruiu totalmente essa tranqüilidade e mais ainda daqueles que não conheciam a visão espírita sobre esse assunto.

Lemman não estava abalado, pelo menos aparentemente. E logo nos trouxe uma informação que poderia explicar parte do que estava acontecendo e confirmar o que Clóvis tinha revelado. Era um vídeo de 65 anos contendo uma entrevista do médium Chico Xavier para uma rede de televisão. Num determinado trecho o médium, questionado sobre as recentes incursões de russos e americanos na Lua, respondeu que o seu mentor espiritual lhe dizia que futuramente a Lua seria uma ampla base de estudos e explorações espaciais, com a construção de cidades e estufas de vidro, plástico e alumínio. Estas construções permitiriam a produção de azoto e oxigênio em larga escala e também a captação de água no próprio solo da Lua. Essa informação só seria confirmada 27 anos depois quando, em 2009, a Agência Espacial dos EUA comunicou que havia encontrado água da Lua. As colônias ali construídas, segundo Chico Xavier, poderiam ser pontos de atração e contato com outras comunidades da nossa galáxia.

Antes de dormir procuramos algum sinal da Lua no céu, mas ela não estava visível. Naquela noite, apesar do frio, muitos preferiram repousar do lado de fora das barracas, onde era possível observar as estrelas e sonhar com uma nova vida no espaço infinito. Nadja perguntou se eu teria coragem de morar na Lua. Respondi que sim. Vendo a minha alegria com aquela resposta, ela confessou que seu sonho e seu projeto de vida era viver em uma colônia espacial e que a Lua seria um bom começo.

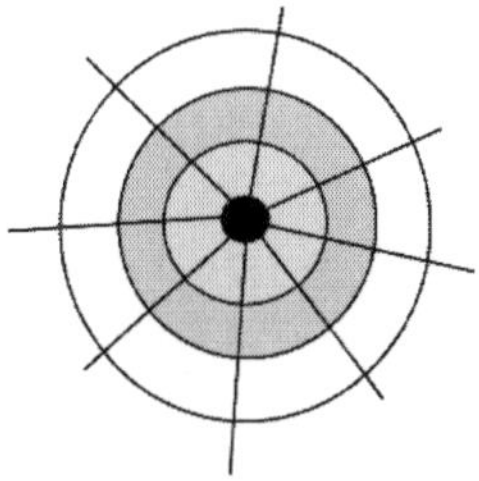

Às dez horas os balões já estavam voando na direção Norte. Céu limpo, ventos moderados. Os condutores avisaram que essa situação iria mudar no início da tarde, quando teríamos pancadas de chuva e queda de temperatura. Faríamos diversas paradas de pouso, mas estava programada uma longa parada nas represas do Rio Grande e Serra da Canastra, onde permaneceríamos por dois ou três dias, dependendo dos resultados das reuniões de avaliação.

Interessante era comparar as antigas, barulhentas e rápidas viagens que fazíamos de avião com esse percurso mais lento e silencioso das Passarolas. Antes víamos muitas estradas movimentadas por caminhões de carga e veículos leves e hoje eles desapareceram completamente. As estradas estão destruídas e vazias, assim com as cidades e povoados que se desenvolveram em suas margens.

De vez em quando é possível ver grupos de andarilhos vagando por alguns trechos delas, em busca de alimentos e produtos vendidos em lojas e restaurantes de antigos postos de combustíveis. Raramente se encontram crianças e jovens entre eles. Geralmente são pessoas com mais de 30 anos, com problemas mentais e hábitos viciosos, que rejeitam ajuda dos centros de orientação.

Em uma das nossas paradas os líderes propuseram que fizéssemos uma abordagem de um desses grupos, para oferecer ajuda material, atendimento básico de saúde e conversação fraterna, exatamente como havíamos aprendido no centro de orientação e depois no Burgo. O grupo não apresentava risco de reação violenta, pelo contrário, eram receptivos. Porém, apesar da aceitação de ajuda material, com raríssimas exceções, se mostravam refratários nas rodas de conversas e orientações de conduta social. Alguns até se mostravam interessados, sobretudos as mulheres, mas tinham receio de abandonar seus companheiros não dispostos a mudar aquele modo de vida. Outros se sentiam escravizados pelos vícios e fracassos, demonstrando forte descrença em si mesmos. Eram candidatos a um desencarne precoce e purgatorial.

Doris havia nos esclarecido que diversas mensagens recebidas no Bezerra de Menezes e Francisca Júlia afirmavam que as colônias de regeneração próximas da crosta não recebiam mais almas para reeducação e reencarnações de provas e expiações na Terra. A grande maioria dos retornantes já eram enviados para os programas transmigratórios no planeta intruso e outros orbes afins. Essas abordagens, mesmo como treinamento e exercício humanitário, nos deixam apreensivos e emocionados, nos fazendo refletir sobre o destino e as oportunidades reencarnatórias. Ao conversar com essas pessoas procurávamos nos sentir tal qual elas para compreender suas recusas de melhoria e evolução. Algumas não permitiam nem a nossa aproximação, sem hostilidade física, mas com repulsa ao nosso contato. Outras pediam orações, passes e até agradeciam a nossa preocupação dizendo que Deus cuidaria deles, onde quer que fosse.

Nadja e outras pessoas percebiam a presença de Espíritos na mesma faixa vibratória deles e também de entidades mais esclarecidas e orientadoras. Seria uma previsão que tinham do exílio próximo, por eles mesmos ou por inspiração dos seus Espíritos protetores?

Ultrapassamos o maciço da Mantiqueira e rumamos em direção à grande região da antiga usina hidrelétrica de Furnas e seus extensos reservatórios de água. As chuvas da tarde já haviam caído em alguns pontos e precisávamos alcançar antes da noite o nosso próximo ponto de parada. Julie avisou que voaríamos em ritmo acelerado e que mesmo assim estaríamos seguros. Aproveitamos para descansar, fazer leituras, ouvir música, assistir a antigos filmes e documentários e também conversar sobre os mais diversos assuntos.

Nas Passarolas havia compartimentos privativos, para necessidades fisiológicas e descanso para três pessoas, caso alguém ficasse indisposto. Isso permitia que o voo fosse prolongado, de acordo com os limites de autonomia da nave. Viajávamos em poltronas confortáveis posicionadas em fileiras duplas e opostas, o que facilitava a visão pelas janelas amplas, que iam do piso ao teto. As Passarolas tinham capacidade de planagem e, em caso de emergência, poderíamos saltar de paraquedas e também usar equipamentos flutuantes suplementares para até quatro pessoas.

Outra característica curiosa da passarola era sua aerodinâmica adaptável para pouso e navegação hídrica, com infláveis de borracha, como se fosse uma lancha. Quando ouvimos essas explicações antes do embarque alguém perguntou se a nave também podia mergulhar e navegar sob as águas. Julie, bem humorada, disse que estudaram uma adaptação do Nautilus, porém esbarram na questão dos direitos autorais com os herdeiros de seu conterrâneo e "xará" Jules Verne. "Mas o nosso querido Petit Dumont tinha projetos maravilhosos para o ar, que é a nossa grande paixão, e decidimos nos inspirar nele", arrematou a nossa navegadora, deixando todos alegres e muito orgulhosos.

Eram 17 horas e já avistávamos os primeiros dos dozes lagos do Rio Grande. Avançamos em direção à Serra da Canastra, que nos parecia um enorme paredão de rocha, com pouca vegetação, espalhada nos pontos mais altos. Muitas edificações construídas nas margens da antiga represa estavam em ruínas e via-se, como no litoral, muitas embarcações de lazer destruídas ou abandonadas em planícies secas, antes ocupadas pelas águas.

O local escolhido para a parada era uma dessas planícies, onde havia se formado um extenso campo gramado que terminava ao pé da grande serra. Nas regiões serranas e montanhosas geralmente vê-se alguns grupos de sobreviventes e também muitos andarilhos solitários em busca de comida e abrigo. Na época mais crítica do cataclismo o topo das serras e montanhas era o local preferido dos que fugiam das enchentes e alagamentos, apesar da intensidade dos ventos e das chuvas. Em alguns lugares foram escavadas cavernas nas rochas, na tentativa de construção de abrigos mais seguros.

Todos estavam muito contentes com essa primeira etapa vencida, no qual percorremos praticamente a metade do caminho para onde seriam fundados os nossos Pindoramas.

Haviam sido planejadas algumas reuniões em conjunto e outras entre os próprios grupos para acertar os detalhes da ocupação. Ali vimos os mapas onde cada uma das unidades seria instalada, contendo as distâncias entre elas e quais seriam as comunidades irmãs mais próximas e comprometidas num plano de emergência, caso houvesse necessidade.

# 10 Krenák

Cada núcleo teria o apoio permanente de batedores, essas figuras que todos estavam curiosos para conhecer pessoalmente e saber como atuavam no cenário onde viviam. Era um trabalho solitário e que exigia muito conhecimento da região e algumas habilidades de sobrevivência e relacionamento. Cada um deles tinha uma identificação na língua tupy-guarani, geralmente o nome de um animal. O nosso batedor era a Jaguatirica, nome de guerra da jovem Andyara, garota de mais ou menos vinte e cinco anos, estatura alta, olhos grandes, e sempre sorridente. Ela vivia na região há mais de cinco anos.

Quando vimos a imagem dela durante uma das reuniões quase todos discordaram da identidade tupy dada a ela porque seus traços e a cor da sua pele combinavam mais com uma pantera negra. Fomos alertados, (e embora ela não se importasse) a não chamá-la de pantera negra porque sua escolha pela jaguaritica tinha razões afetivas. Andyara havia se deslocado para aquela região para estudar e preservar essa espécie. Nadja lembrou que pantera negra não era espécie e sim uma denominação dada aos felinos, por causa da melanina ou pigmentação escura.

Além dos colonos e batedores havia em quase todas as regiões do sertão brasileiro, mesmo após as ocupações estrangeiras, os krenák, um movimento formado por descendentes de sertanejos, caboclos e indígenas com o ideal de restaurar as mais antigas aldeias e reviver a vida primitiva da região. Não eram muitos, porém alguns deles eram mais arredios aos novos contatos, embora fossem pacifistas natos, procedentes de centros urbanos. Geralmente eram ex-universitários e militantes ecologistas com alta capacidade de entrosamento com os habitantes da região.

Daquele ponto em diante as Passarolas seriam separadas e os grupos seguiriam para seus respectivos destinos, o mesmo acontecendo com os outros grupos encarregados da ocupação das fronteiras, mais ao centro-oeste. Partimos na manhã seguinte com as duas Passarolas que levavam os grupos que ficariam mais próximos de nós e, antes do meio dia, nos separamos definitivamente.

Agora estávamos somente nós.

Pierre trocou de posição com o assistente de Julie, que seguiu na direção de Unaí e do antigo Distrito Federal; e nós fomos em direção à divisa de Minas com a Bahia, entre Serra das Araras e a Chapada Gaúcha, povoados que esvaziaram após o cataclismo. Nosso Pindorama seria fundado próximo a uma antiga região agrícola explorada por colono gaúchos ali assentados na década de 1970 e que, com as movimentações estrangeiras recentes, tornou-se área de interesse de várias corporações da Itália, França, Canadá, EUA e Rússia. Nossa missão era atrair brasileiros e estrangeiros do Norte e Centro-Oeste.

Havia uma disputa entre essas corporações por colaboradores especializados, por causa do declínio populacional. Os brasileiros eram o maior contingente dessa demanda e o que melhor se integrava com os estrangeiros. Era esse o motivo do interesse deles pelas nossas organizações sobreviventes e também pelas novas iniciativas, como os Pindoramas, geralmente lideradas por cientistas com larga experiência em projetos e inovações tecnológicas.

Por volta das 15 horas fomos interceptados simultaneamente por duas aeronaves diferentes, solicitando a nossa descida.

Ficamos assustados e só nos acalmamos quando percebemos que Pierre e Julie davam gargalhadas aos ouvirem os sinais de alerta das naves, com ameaças de destruição. Julie respondia por sinais de libras, tal a proximidade deles com as nossas janelas.

No chão, apenas Pierre desceu da Passarola para se encontrar com os tripulantes das naves, já estacionadas. Eram veículos de extrema rapidez, muito mais sofisticados e um pouco maiores do que aqueles com os quais fomos levados até o centro de orientação. Os quatro tripulantes já estavam à espera de Pierre e sorriram ao cumprimentarem o nosso engenheiro. Conversaram por alguns instantes e se mostraram admirados pela nossa Passarola, que já conheciam virtualmente, rodeando e observando os detalhes do equipamento e atentos à explicações de Pierre.

Julie abriu as portas laterais para recebê-los, o que foi feito com muita alegria, pois já eram conhecidos, sobretudo Deise, uma astronauta canadense que havia estudado na mesma universidade de Julie e com quem havia compartilhado pesquisas nessa área. Fomos apresentados, um a um, aos visitantes, como fundadores do Pindorama das Araras.

Além de Deise, estavam John, Paul e George (apelidados por Pierre de "Os Beatles sem Ringo"). Os dois primeiros eram americanos e George era ucraniano. Falavam português fluentemente. Fizeram muitas perguntas, demonstrando interesse e curiosidade não somente pela nossa presença na região, mas principalmente pelas nossas origens e experiências como sobreviventes ao cataclismo. Cada um deles se apresentou falando também de onde tinham vindo, o que faziam e como viveram nesses últimos dez anos. Foi um encontro muito interessante e educativo, pois desfizemos muitas impressões equivocadas que tínhamos dos estrangeiros. Quando falavam conosco sempre lembravam da condição de ocupantes e da gratidão que tinham por terem sido acolhidos por nós e que fariam todo o possível, como profissionais e como voluntários e novos amigos para nos ajudar em nossos projetos.

Os visitantes queriam conversar mais reservadamente com Julie e Pierre e todos pediram licença para se ausentarem. Sentaram-se um pouco distantes das aeronaves e passaram a entabular assuntos os quais, em grande parte, os nossos condutores compartilharam posteriormente conosco.

Eles eram funcionários de empresas diferentes e associadas e tinham interesse comum pelas pesquisas de Julie e

Pierre e também nas atividades de assentamento do Pindorama. Como já era do nosso conhecimento, queriam conhecer detalhes e contribuir para a efetivação do projeto, sem interferir em nossas atividades, a não ser que fossem solicitados. Durante a nossa conversa com eles perguntamos se realmente tinham vindo da Lua. Responderam que sim e que em outra oportunidade teriam o maior prazer em mostrar e explicar tudo o que faziam por lá. E um deles, Paul, garantiu: "Vocês irão adorar cada vez mais a Lua".

Voltamos para a Passarola e retomamos o nosso roteiro de reconhecimento da região. Pierre e Julie, depois de conversarem com os amigos visitantes, resolveram alterar um pouco a rota combinada, para nos mostrar o que havia de interessante nas redondezas e o que estava sendo feito pelos novos ocupantes das regiões vizinhas.

A Passarola acelerou a velocidade e algum tempo depois ultrapassamos a fronteira com a Bahia, seguindo o fluxo do rio São Francisco em direção ao mar. Para nós era um sertão nordestino que desconhecíamos, com extensos cinturões verdes, grandes círculos agrícolas com produção de cereais e outros menores, de produção de frutas e legumes. Havia diversas fábricas de alimentos. Encontramos também vários centros de exploração e beneficiamento de minérios. Julie recebeu o sinal de algumas delas para que descêssemos para uma visita. Ela agradeceu e recusou educadamente, alegando que estávamos em viagem com hora marcada para a chegada ao destino, mas que retornaríamos oportunamente.

Tudo era um espetáculo combinando tecnologia com a natureza, perfeitamente harmonizados, sem nenhum indício de agressão e abusos ambientais.

No entanto, não vimos núcleos habitacionais.

Pierre esclareceu que os empreendimentos não necessitavam de muita mão-de-obra, porém a pouca que havia não conseguia alimentar o crescimento demográfico e social. Por isso eles viam com bons olhos a chegada dos deslocantes brasileiros e provavelmente já sabiam dos nossos planos. Clóvis já havia nos alertado que receberíamos visitas constantes, mas que seriam sempre amistosas e em busca de algum tipo de relacionamento saudável. Eles sabiam que onde houvesse brasileiros reunidos, certamente haveria a alegria dos esportes populares, das festas folclóricas e da culinária atraente.

Voltamos para o nosso destino e às 15:00 horas em ponto estávamos sobre o marco zero do Pindorama das Araras. Era 21 de abril de 2036.

O marco era um círculo de uns oito metros de diâmetro dentro qual havia linhas e pontos demarcados, desenho que lembrava um grande chakra e sobre os quais estavam plantadas várias mudas de árvores.

Ao centro estava a batedora Andyara, acenando e dando boas vindas aos novos ocupantes. Ao lado estava estacionado um pequeno veículo de uso individual, parecendo uma motocicleta. Ela carregava nas mãos um bastão em cuja ponta havia flâmula verde, que foi fixado no chão logo que nos aproximamos.

Era o sinal oficial da chegada. Um de nós completaria o cerimonial fixando no centro do chakra a bandeira dos Pindoramas e o plantio de mudas de pau-brasil.

Víbia foi a escolhida, por unanimidade, juntamente com o seu bebê, que nasceria nos próximos dias. Era um menino e se chamaria Ismael.

Registramos o acontecimento histórico com fotos e vídeos, todos compartilhados. Recebemos também, naquele instante e horas depois, os registros de fundação de todos os 300 Pindoramas planejados pelo grupo de Francisco Emmanuel.

Andyara era exatamente como imaginávamos ao ver sua foto dias antes. Muito alegre com a nossa chegada e feliz pelo cumprimento da primeira etapa da sua missão. Sempre disposta, depois dos protocolos da chegada, nos conduziu para conhecer todos os limites divisórios do núcleo, os quais haviam sido demarcados com o plantio de árvores típicas da região. Transbordava felicidade. Na manhã seguinte combinamos que ela faria conosco o reconhecimento ambiental do entorno, sobretudo das fontes de água. Depois nos ajudaria a definir os lotes e áreas agrícolas de uso imediato.

A Jaguatirica permaneceu conosco durante algumas semanas e sempre se ausentava para atender os outros núcleos próximos. Foi ela que tomou a iniciativa de um primeiro contato que tivemos com um grupo krenák que vivia a alguns quilômetros do nosso Pindorama.

A comunidade era pequena e tinha uma vida muito simples e rústica, lembrando os hippies americanos dos anos 1960. O acampamento era muito colorido e misturava elementos de diversas culturas indígenas e também dos movimentos pacifistas e ecologistas da época de juventude dos seus líderes. Eram umas trinta pessoas, incluindo algumas crianças e adolescentes. Andyara conhecia bem todos eles e nos relatou que tinham dificuldades de sobrevivência, por causa do despreparo para a vida silvestre e também do desconhecimento de tecnologias básicas de produção. Como eram movidos por ideologias naturalistas "urbanas", resistiam ao modo de vida que julgavam em desacordo com o que praticavam. Era um espírito radical e de seita que não deveria ser contestado nem criticado por nós. Afinal, também tínhamos as nossas crenças e superstições. No entanto, eram muito festivos e fraternos, havendo entre eles muitos artistas e artesãos.

Perguntei se usavam drogas e Andyara respondeu que sim e que até tinham pequenas culturas da canabis. Perguntei se todos eram adeptos desse hábito e ela esclareceu que, surpreendentemente, era um costume apenas dos mais velhos, não todos, e bastante rejeitado pelos mais jovens, que não aceitavam mais os processos de alteração artificial da consciência. Andyara nos contou que algumas crianças e jovens eram portadores de dons psíquicos e por meio delas se manifestavam Espíritos ancestrais do grupo, dando orientações morais, sempre advertindo sobre o comportamento de alguns membros, e também sobre a presença do planeta intruso e higienizador. Eles levavam muito a serio essas manifestações, que julgavam serem superiores às suas ideologias e crenças sociais. Isso mantinha o grupo coeso e causava a transformação gradual dos hábitos e inclinações antigas.

Queríamos saber como deveria ser o nosso relacionamento com eles e possivelmente com outras comunidades que já existissem ou viessem a se instalar na região. Andyara respondeu lembrando que uma das finalidades do núcleo era exatamente se preparar para tecer e manter uma permanente teia de relações fraternas e educativas. A instalação do Pindorama das Araras seria um foco de irradiação de uma nova civilização e naturalmente seria também um ponto de atração de novos deslocantes.

"No caso dos krenák, vocês vão perceber que os mais jovens vão se aproximar de vocês espontaneamente e serão excelentes amigos, a quem devemos ensinar coisas importantes e também aprender as coisas necessárias e 'essenciais', se é que me entendem".

E para nos lembrar da nossa missão naquele lugar distante, porém maravilhoso, a Jaguatirica nos disse que muitas vezes parou para pensar no sentido de tudo isso que estávamos passando e vivendo:

"Vivemos um necessário período de retorno e reencontro com a natureza, assim como a civilização greco-romana que, após os excessos e abusos do conforto, teve que fazer o reajuste de conduta vivendo a simplicidade rural do feudalismo e tolerando a rusticidade dos bárbaros".

Fizemos várias visitas ao krenák e também os recebemos para alguns estudos e festejos. Em um desses contatos nos aproximamos quando soubemos do desencarne de um dos seus membros, por causas naturais. Ficamos curiosos para saber que cerimonial de despedida fariam e que tratamento dariam ao corpo. Ainda não sabíamos como lidar com os óbitos, já que não tínhamos estrutura para realizar cremações seguras e rápidas. Também não nos agradava ter um cemitério, nem dentro nem fora do Pindorama. Isso parecia ser consenso. Queríamos encontrar uma solução que ficasse longe das práticas urbanas e que ficasse mais próxima da natureza, sem ferir as questões espirituais. Como os krenák cultivam hábitos antigos dos indígenas da região, quem sabe poderíamos aprender algo com eles.

Para a nossa surpresa, a solução foi bem simples. Os vivos manifestavam aos seus entes a preferência que tinham por uma espécie de árvore, longe da aldeia, para serem enterrados próximos a uma delas, não muito próximo, mas num raio de mais ou menos cinquenta passos de um adulto e numa profundidade que preservasse o corpo de ataques mutiladores. Tudo de forma natural, sem nenhum vestígio de identificação que não fosse a própria árvore. Encontramos a nossa resposta. Só restava levar o assunto ao Conselho, para ser mais amadurecido e decidido por voto.

Em uma das nossas incursões nessa aldeia Perpétua se aproximou de um rapaz, reconhecendo-o com um antigo amigo de faculdade em São Paulo. Tratava-se de Brão, que na época era um jovem ativista político na universidade e depois largou tudo para viver numa comunidade caiçara do litoral Norte, em Boissucanga. Brão era de uma família judaica paulistana da Vila Buarque e seu apelido era um diminutivo de Abraão. Era viúvo e vivia entre os krenák há alguns anos, na companhia de seu filho Isaque. Surpreso com o reencontro, Brão perguntou de Víbia, de quem tinha sido namorado na época da faculdade. Ficou mais surpreso ainda ao saber que estava vivendo no Pindorama e que estava grávida. Tinham se visto pela última vez em Santos, na casa de uns amigos e, depois do último cataclismo, perderam o contato. Ficaram felizes com o reencontro e Brão prometeu levar Isaque para conhecer Víbia. Perpétua já sabia que ele era o pai do seu sobrinho que iria nascer nos próximos dias e se empenhou para que todos ficassem juntos e reivindicassem no Conselho a adesão ao lote designado para Terêncio ou que recebessem um novo, caso se interessassem. Esse foi um dos acontecimentos mais surpreendentes e enigmáticos da nossa jornada. Tudo aconteceu como Perpétua havia se empenhado. A nossa vã filosofia, mais uma vez, não conseguiu desvendar esses mistérios existentes entre a Terra e o Céu.

Estávamos progredindo rápido e conforme previa o nosso cronograma de ocupação. Andyara nos ajudou a formar o Arraial, local das primeiras instalações comunitárias e também acompanhou o sorteio dos primeiros oito lotes. Os sorteios inicialmente eram simbólicos, pois não havia contingente suficiente para colocá-los em funcionamento. Mesmo assim era uma ação importante, como projeto e compromisso futuro, estabelecer quem eram os responsáveis pela unidade. Nessa fase as atividades eram predominantemente coletivas no Arraial e, nas horas vagas, eram empreendidas ações de mutirão nos lotes sorteados e nos que seriam ocupados posteriormente. Isso era feito basicamente através do plantio de variedade de árvores frutíferas e raízes alimentícias.

A primeira instituição do Arraial foi o Conselho, que colocou em prática todas as medidas básicas de ocupação. Os krenák convidados compareceram para a cerimônia, entre eles Brão e Isaque. Ele imediatamente identificou o Pindorama e seus núcleos internos com os kibutz que havia visitado e vivido em Israel. Essa lembrança provocou um grande abalo emocional nele, pois havia prometido a Isaque que o levaria para conhecer esses dois lugares onde vivera na juventude, mas que hoje provavelmente já nem existiam mais.

A segunda instituição, fundada na mesma cerimônia, foi o Pestalozzi, um núcleo educacional padrão dos Pindoramas, inicialmente dirigido por Julie e Pierre. Os dois adiaram sua volta ao Burgo e seus empregos, solicitando uma licença de seis meses para ficarem na região. Recusaram o convite para ficarem hospedados em uma das fazendas estrangeiras onde viviam amigos astronautas e decidiram permanecer conosco como voluntários. Essa notícia foi realmente uma boa nova e nos deixou muito mais seguros e também nos encheu de entusiasmo. Julie e Pierre conheciam o Instituto de Yverdon, onde estudaram em diferentes épocas e mantinham vivas na mente as lembranças das temporadas que passaram lá, quando seus pais se ausentavam para viagens longas.

O Pestalozzi era um núcleo simples de alfabetização, descobertas científicas e habilidades técnicas e artísticas. Julie foi até os krenák em busca de alguns membros que poderiam atuar como instrutores. Muitos tinham ótima formação e talentos e aceitaram prontamente o convite. Em pouco tempo o Pestalozzi se tornou um lugar de alegria e inteligências múltiplas, atraindo moradores das fazendas estrangeiras e de outros grupos krenák. Uma das aulas mais emocionantes que presenciamos foi quando um pequeno grupo de autênticos curumins do Xingu vieram ensinar a nossas crianças a arte de fazer gravuras e tintas com sementes de urucum (vermelho), jenipapo (preto), açafrão (amarelo) e tabatinga (branco).

Ficaram durante uma semana, dias inesquecíveis de danças, cores e correrias pelos campos e banhos nas lagoas próximas.

Por essas e outras realizações, o barracão do Pestalozzi teve que ser modificado e expandido várias vezes, por causa do aumento dos "curumins", como eram chamados os novos alunos matriculados, que chegavam de muitos lugares. Não tínhamos somente aulas semanais regulares. Os eventos educativos aconteciam o tempo todo e isso permitia a vinda de muitos visitantes em dias e horários alternativos. Os outros Pindoramas faziam o mesmo e assim também ampliavam a nossa rede de ações. O plano de Francisco Emmanuel era realmente genial. O Pestalozzi agora tinha vários compartimentos de ensino e durante alguns dias da semana era utilizado como núcleo espiritual de cura e educação dos sentimentos, nos moldes do Burgo Esperança. Essa atividade atraia muitos estrangeiros, interessados nos estudos psíquicos e nas práticas do magnetismo. Curioso é que eles já compareciam às reuniões trazendo material básico de estudos, sobretudo os textos da codificação kardequiana, traduzidos para suas línguas de origem. Os mais empenhados nesses estudos eram os japoneses que viviam no centro-oeste. Muitos de nós éramos convidados a fundar núcleos semelhantes nas fazendas estrangeiras e instruir seus colaboradores, entre os quais existiam alguns brasileiros. Em outros Pindoramas, mais populosos, havia moradores que praticavam estudos e cultos religiosos diferentes dos nossos, nos lotes particulares e também no Arraial, sempre em caráter aberto e público.

Ao lado do Arraial o Conselho aprovou a construção de um campo gramado, usado para práticas lúdicas, esportivas e principalmente jogos de futebol. Nos fins de semana eram realizados campeonatos com equipes de todas as cores e raízes. Os jogos mais emocionantes eram aqueles em que se defrontavam as equipes estrangeiras compostas por moradores das fazendas além das nossas fronteiras. Os organizadores, em tom de brincadeira, abriam os eventos dizendo que era expressamente proibido comprar, contratar e aliciar atletas, visando fortalecer ou enfraquecer as equipes.

Nem é preciso dizer que a nossa música era o ponto alto

desses encontros e também pauta permanente no currículo de artes do Pestalozzi. Foi graças aos músicos e seus repertórios maravilhosos que recuperamos grande parte da nossa memória social e afetiva, espalhando pelo Pindorama sons e melodias também inesquecíveis.

Uma das primeiras colaborações técnicas e científicas que tivemos foi a visita de botânicos orientais (japoneses, coreanos e chineses). Eles foram trazidos por Andyara, para exploração e estudos na Serra da Araras e solicitaram acolhimento em nosso arraial. Em contrapartida se ofereceram para montar um acervo farmacêutico natural e nos doaram muitas sementes de espécies que desconhecíamos, do Brasil e do Oriente.

Andyara também nos fez uma surpresa na recepção da comitiva oriental. Junto com eles desembarcaram no Pindorama das Araras o Dr. Peagno e Doris, que não víamos havia mais de um ano, desde que partimos do Burgo Esperança. Eles se juntaram ao grupo de 15 pesquisadores, homens e mulheres. Alguns também eram casais.

A formação acadêmica dos pesquisadores era bem diferente da nossa, sendo a Botânica apenas um ponto comum entre eles. Na verdade, eram médicos, engenheiros, farmacêuticos e psicoterapeutas, com formação eclética e de várias habilitações técnicas. Quase todos tinham interesse pelas práticas curativas espíritas e sempre faziam a ligação do Espiritismo com as suas respectivas formações e áreas de pesquisa.

Com uma equipe de psicoterapeutas fizemos uma curiosa jornada, teórica e prática, para identificar e usar as cores contidas nos vegetais como fonte curativa por meio da alimentação e manipulação farmacêutica. Os mesmos pesquisadores queriam conhecer os princípios e testar os efeitos da cromoterapia que aplicávamos nos passes magnéticos. Durante quinze dias estudamos juntos a natureza e o desenvolvimento da mediunidade de cura, como a imposição de mãos, sopro, benzimentos e os movimentos físicos dos Pasteur e sua ligação com os centros de força. Tudo era documentado e compartilhado.

Nesse Período Peagno e Doris aproveitaram para ver *in loco* todas as mudanças acontecidas no Pindorama. A presença deles nesses quinze dias trouxe muitas alegrias e ótimas lembranças da acolhida e do tempo que passamos no Torrão de Ouro. Eles nos comunicaram em reunião pública no Arraial que Francisco Emmanuel estava percorrendo e visitando todos os núcleos e que o nosso seria o último a ser visitado e isso tinha um motivo especial, que na ocasião ficaríamos sabendo. Ele viria juntamente com o Conselheiro Clóvis e alguns funcionários da Saab-Boing.

Francisco Emmanuel foi um dos fundadores do Parlamento dos Povos, entidade que surgiu nas reuniões do Acordo de Sidnei e que agora deliberava as grandes questões planetárias. Uma dessas questões eram as relações entre a Terra e os chamados alienígenas, cujos contatos físicos mais comuns ocorriam há alguns anos na Lua. Ali, segundo nos revelou o Dr. Peagno, já estava acontecendo, em estado bem avançado, a instalação das Cidades Lunares, um projeto cooperativo de todas as nações e empresas que discordaram dos conflitos nucleares ocorridos na Terra.

"O Burgo Esperança faz parte das entidades científicas que habitarão futuramente as Cidades Lunares, ainda em fase de montagem. Nossa colaboração, ainda que pequena e simples, vai acontecer nas pesquisas de implantação de métodos naturais de sobrevivência. E os Pindoramas terão um papel muito importante nessa nova etapa de conquistas humanas".

Perguntamos se a Lua também tinha passado por distúrbios e catástrofes, como havia acontecido na Terra. O Dr. Peagno respondeu que catástrofes naturais, semelhantes às nossas, ocorreram somente em Marte, no final da década de 1970.

"Todas essas mudanças, a bem do nosso progresso espiritual, poderiam ter acontecido há mais de dois mil anos, porém fomos prejudicados pelas ambições dos gregos e romanos, então depositários políticos da civilização e que negligenciaram o dever da educação e do exemplo. O desvio foi tão grave que já naquela época ocorreriam os expurgos dolorosos que hoje presenciamos e que foram adiados por diversas vezes por misericórdia divina e pela intercessão pessoal e carnal nosso Governador Planetário"

Mas o caso da Lua era uma outra história, cujas causas remontam aos milênios nos quais os capelinos foram exilados na Terra.

"Há alguns anos nações e organizações belicosas tentaram se apropriar de territórios lunares para fins militares e criminosos, mas foram rapidamente impedidos por forças alienígenas ali baseadas. Foi uma das últimas tentativas de reação e resistência por parte dos "dragões" para dominar a Terra e até o nosso sistema solar. A punição que sofreram por esse gesto abusivo de querer tomar a Lua de assalto foi tão rigorosa que os seus territórios e organizações na Terra foram totalmente desarticulados e alguns de seus líderes encontram-se detidos em prisões disciplinares na própria Lua, sob a guarda dos alienígenas. Eles ficarão lá até que desencarnem e tenham outros destinos. Uns deverão permanecer presos na Lua, como já acontece com alguns conhecidos líderes e criminosos históricos do nosso planeta. E outros deverão ser transmigrados para outros orbes. Os povos remanescentes dessas nações e corporações bélicas que colocaram em risco o nosso planeta, mas que não tiveram responsabilidades diretas e graves com os acontecimentos destruidores, estão sendo reeducados em colônias na África e na Oceania, também com a ajuda e supervisão dos alienígenas, aguardando novas instruções sobre seus destinos".

Peagno falou sobre os objetivos dessa presença:

"O nosso interesse em estar na Lua não é vaidade e auto-afirmação. Temos curiosidade pelas informações novas que poderão beneficiar as nossas populações e poderemos dar um salto de séculos. Fomos informados por via mediúnica que algumas civilizações extra-terrestres estavam dispostas a transferir muitas tecnologias para os nossos povos, pois agora já confiam em nossa autonomia e discernimento moral. Fizemos a lição de casa com relação ao uso pacífico da tecnologia nuclear e agora poderemos finalmente dominar conhecimentos com os quais sonhamos há séculos e ainda não tínhamos condições mínimas para essa realização. Nos próximos anos vamos dominar a física quântica em seus múltiplos aspectos e então teremos uma novíssima visão sobre as relações entre Espírito e a matéria, limite que hoje nos impede, por exemplo, de termos contatos com humanidades mais evoluídas e que habitam planetas gasosos, em dimensões mais sutis".

Nunca pensamos que ouviríamos em público revelações como essas sobre a Lua e a vida extraterrestre. Para a maioria dos presentes os programas espaciais não passavam de um jogo de propaganda ideológica que disputavam áreas de influência nas décadas da Guerra Fria. A palestra do Dr. Peagno abria para todos uma nova perspectiva existencial, que dava outro sentido para as nossas vidas, ainda oprimidas pelo medo e pela desesperança.

O primeiro ano do Pindorama das Araras foi gratificante, mesmo tendo alguns problemas pontuais, já previstos nos planos de ocupação. Um desses era a questão da saúde mental.

Grande parte dos sobreviventes do cataclismo foi atingida psicologicamente pelas mudanças bruscas e cada um nós tinha o registro de uma tragédia pela perda de entes queridos. Tínhamos constantemente nossas recaídas por não termos elaborado o luto das nossas perdas.

A ansiedade, seguida da síndrome de pânico e depressão, atingia a quase todos, em diferentes graus. O risco do suicídio era constante e tivemos casos de pessoas que simplesmente desapareciam do nosso convívio para fugir das suas terríveis angústias. Muitos iam além disso, entravam em situação de completa alienação, exigindo cuidados especiais para que não se matassem ou causassem danos na comunidade.

No processo higienizador planetário foi desaparecendo a maioria dos que faziam mal aos outros, porém ainda permaneceram muitos que faziam mal a si mesmos. Estávamos nesse segundo grupo. A ordem era nos manter vigilantes, ocupados e sempre olhando para o futuro.

A experiência da Francisca Júlia e de outros estabelecimentos psiquiátricos associados ao projeto dos Pindoramas ajudou muito. Em nosso núcleo, apesar das dificuldades e recaídas emocionais, não ocorreu nenhum caso de suicídio e surto psicótico, porém entre os krenák as ocorrências eram constantes.

Recebíamos também pedidos de ajuda de pessoas e grupos que se deslocavam de grandes distâncias para buscar alguma forma de tratamento médico e espiritual.

Diante do aumento dessa demanda, bem antes que concluíssemos a construção de nossas próprias casas para usufruir do conforto a que tínhamos direito, resolvemos empreender a construção de um Núcleo de Saúde no arraial. Não havia leitos de internação permanente, mas somente provisória, para todos os atendidos. Como a maioria dos casos era de natureza psíquica, o núcleo se tornou um centro de terapias, com conhecimentos e práticas que trouxemos da Francisca Júlia e dos institutos do Burgo Esperança.

Não tínhamos ideia do quanto essa atividade era necessária e urgente. Nossos vizinhos estrangeiros, que também possuíam centros de saúde muito bem instalados, começaram a nos procurar para contribuir com recursos materiais de uso terapêutico e também solicitar treinamento específico para lidar com determinadas doenças. Eles sabiam que a nossa abordagem espiritual desses problemas era o cerne da questão. O Núcleo Francisca Júlia, assim como o Educacional Pestalozzi, também passou a ser referência naquela vasta região para atendimento e troca de experiências entre os Pindoramas e comunidades estrangeiras ali estabelecidas.

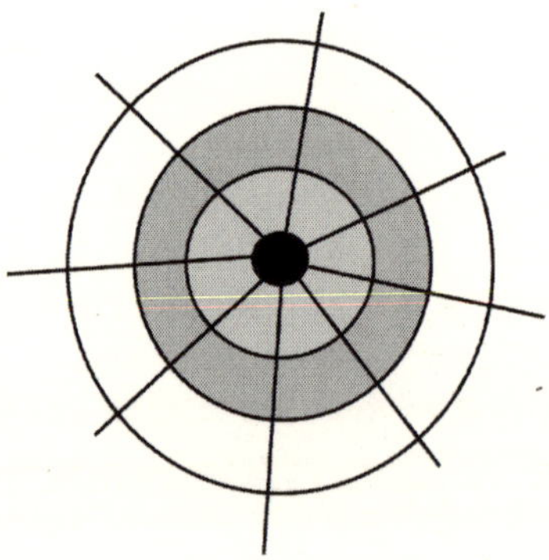

# 11 Nova morada

O nosso segundo ano na Serra das Araras também passou rápido. O trabalho de construir a partir do marco zero nos manteve ocupados e atentos às novas necessidades e todas as bases do núcleo estavam em funcionamento. A maioria dos lotes da primeira fase já estava ocupado e os demais aguardavam novos moradores, sempre admitidos de forma gradual, com estágio de adaptação. Apareciam muito interessados nos lotes, mas nem todos se submetiam às regras de trabalho e convívio durante o período de adaptação. Mesmo a admissão para o processo seletivo era rigorosa e concedida apenas aos que eram julgados aptos à aprendizagem e desenvolvimento.

Tínhamos todas as características dos povos pioneiros e desbravadores, mesmo aqueles, como o nosso primeiro grupo de fuga, que era essencialmente urbano e não possuía nenhuma experiência nesse estilo de vida rural e alternativo. Tínhamos receio de falhar e decepcionar os nossos vizinhos, que também deviam ter as mesmas inseguranças. Nossos encontros de Vida Plena, para ajuda emocional, nos quais falávamos sobre as dificuldades pessoais, eram sempre motivadores. Dali também saíamos com soluções para as dificuldades técnicas enfrentadas nos lotes. Nossa sorte é que os planos de ação eram sempre conjuntos e cronometrados, não podendo fugir do padrão produtivo. Quando alguém saía da linha prevista, por algum motivo, eram acionados os meios de ajuda e colaboração, sempre muito bem-vindas. Superamos logo a ideia, o medo e a vergonha de fracassar e decepcionar os parceiros.

No final do mês de agosto, recebemos a visita de Pierre e

Julie. Dessa vez vieram com o Conselheiro Clóvis, vários técnicos e o já esperado Professor Francisco Emmanuel. Essas visitas eram sempre muito festivas e cheias de expectativas, já que o Pindorama seria naturalmente alvo de uma supervisão e verificação das nossas atividades.

Francisco Emmanuel logo se mostrou interessado em conhecer os krenák, permanecendo com eles a maior parte do tempo dos três dias em que se hospedou no Pindorama das Araras. Parecia ter sido tomado de uma vontade de se dedicar completamente a essa causa, conversando com cada um dos moradores, mesmo aqueles que se mostravam mais arredios e desconfiados. Chegou a dormir na aldeia, se submetendo às mais simples acomodações. Eu e Nadja o acompanhamos passo a passo, juntamente com Brão e Isaac, ouvindo as conversas, questionamentos, queixas, contestações, ironias, tudo sem perder o equilíbrio e sempre se comportando como um simples viajante convidado. Às vezes, quando falava, era manso e amoroso, sempre igualando a todos.

Na volta, quando fez uma roda de conversa com os moradores do arraial, Francisco explicou o motivo do seu interesse e pediu desculpa pela sua ausência em algumas atividades que haviam sido preparadas para ele e outros visitantes. Segundo Francisco, os irmãos a quem visitara o esperavam há muito tempo, um tempo que eles nem imaginavam. Eram almas especiais para ele e que mereciam, naquele momento, uma atenção diferenciada. Esses grupos surgiram e se espalharam rapidamente por todos os lugares, do antigo e novo território do Brasil, indicando que o fenômeno tinha uma causa espiritual comum. Segundo o nosso educador, essa identificação deles com o passado indígena não era apenas um modismo ideológico e sim uma reminiscência de vidas passadas. Eram almas realmente indígenas que tiveram encarnações em famílias não brancas por diversos motivos, como credores e devedores, desde a época da colonização e das recentes expansões territoriais empreendidas pelos fazendeiros pecuaristas que novamente desbravaram esses sertões. Esse plano foi na verdade traçado no mundo espiritual como uma retomada das suas antigas aldeias e terras. A iniciativa partiu de regiões não muito iluminadas, porém receberam, como determina a Lei Maior, o amparo e o ajuste das esferas mais altas e diretoras dos seus destinos. Essa ajuda do Alto foi no sentido de neutralizar sentimentos de ódio e planos de vingança, elaborados por entidades ainda sem a capacidade de perdoar.

"Por isso, sempre encontramos nesses núcleos – observou Francisco – não somente almas indígenas autênticas e radicais, mas também alguns Espíritos mais sensatos e que se propuseram a se melhorar ou resgatar antigas faltas, encarnando ou se aproximando deles por afinidade de compromissos".

E nos revelou algo muito curioso:

"Alguns desses Espíritos hoje perfeitamente integrados entre os krenák e outros grupos naturalistas brasileiros, são antigos companheiros nossos de uma conhecida agremiação religiosa, na qual servimos na época das Capitanias Hereditárias. Alguns deles eram nossos superiores e até foram detentores dos altos cargos da instituição e que faliram em suas responsabilidades de educar os gentílicos".

No terceiro dia de visita, eu e Nadja fomos convidados a acompanhar Francisco Emmanuel, Clóvis e o casal Julie e Pierre a uma viagem até os antigos estados do Norte e Nordeste. Como éramos agregados ao mesmo lote de Lemman, o amigo concordou plenamente com nosso afastamento, recebendo a solidariedade de Terêncio e de sua esposa nos cuidados da propriedade e atividades coletivas no Arraial. Todos tínhamos compromissos e estes não poderiam ser simplesmente adiados por causa de uma viagem. Ficamos surpresos com o convite, mas lembrei que Nadja havia conversado muito como Julie e Pierre sobre a profissão e o conhecimento que tinham sobre navegação espacial. Na verdade, o convite foi feito para Nadja. Naquele período em que estivemos no Burgo eles se afeiçoaram a ela, como uma filha, e não queriam que eu ficasse distante dela, não nesse momento. A viagem foi realizada em uma daquelas naves que nos interceptaram antes da nossa chegada à Serra das Araras. Os quatro tripulantes agora estavam juntos, incluindo os "Beatles sem Ringo".

Como não tinha muita intimidade com Francisco Emmanuel, fiquei mais próximo do Conselheiro Clóvis, em busca de informações, pois sabia que o motivo da viagem era o assunto o qual o Dr. Peagno havia adiantado durante a sua primeira visita ao nosso núcleo. Partimos levando bagagem para um mês. Pessoas de outros Pindoramas também haviam sido convidadas para essa mesma excursão. Algumas delas foram conosco na mesma nave. Aproveitando esse trajeto para embarcar os outros convidados, sobrevoamos, numa velocidade indescritível, quase todos os pontos de ocupação estrangeira no Brasil. A velocidade da nave só diminuía quando atingíamos um ponto de interesse, sobre o qual recebíamos explicações de um dos tripulantes e comentários de Julie e Pierre. Nos disseram para não nos preocuparmos com o registro do trajeto, pois receberíamos todas as imagens com as explicações dadas.

Fomos ao Sul, onde vimos as transformações promovidas pelos alemães e italianos, tanto no setor agrícola como no setor industrial. As grandes cidades também haviam desaparecido, ficando somente os vilarejos e novos núcleos de sobreviventes. Muitos brasileiros foram viver no Uruguai e na Argentina. Percorremos parte do Paraguai e do Chile e ali constamos a presença dos ingleses e chineses, atuando juntos em vários empreendimentos. Depois nos dirigimos ao Centro-Oeste, para ver as realizações das colônias orientais, sobretudo as mais tecnológicas, empreendidas pelos japoneses e coreanos. Ali foram mantidas as grandes áreas produtivas de cereais, agora acopladas a moderníssimos módulos industriais de beneficiamento.

O mais interessante foi que, em muitos desses lugares, vimos núcleos brasileiros, identificados pela nossa antiga bandeira, ainda com a inscrição positivista "Ordem e Progresso". Ao ver essas cenas, Francisco Emmanuel lembrou que os nossos colonos mais tradicionalistas continuavam sendo os gaúchos e os mineiros, que foram viver nessas e outras regiões. Em alguns lugares tremulavam as bandeiras do Brasil e dos antigos estados de Minas e Rio Grande do Sul.

Não voamos sobre regiões do Norte amazônico e fomos

diretamente para Alcântara, no litoral do Maranhão. Não existia mais a antiga base, que já havia sido parcialmente transferida para o interior, bem antes do cataclismo, já que o nível dos oceanos vinha aumentando e se acelerou quando se aproximaram as catástrofes. O mesmo havia acontecido no Rio Grande do Norte, na Barreira do Inferno. São Luiz e Natal haviam sido destruídas, como as demais cidades costeiras, e seus habitantes, como nós, foram buscar abrigo no interior e no sertão distante. Mas as duas regiões continuavam com suas paisagens deslumbrantes, mesmo com as oscilações do mar e do céu, como veríamos mais tarde. Elas deveriam lembrar o tempo todo aos estrangeiros que ocuparam o litoral que um dia poderiam voltar às suas pátrias.

Pouco antes do almoço já estávamos em Alcântara, local que parecia ser um amplo território com instalações gigantescas, na verdade galpões e torres que indicavam atividades espaciais. Não conhecia, senão por fotos e filmes, as instalações da NASA nos EUA, mas não pude deixar de observar e comparar com essa referência, talvez única que tínhamos sobre essas bases astronáuticas. Ao contrário dos demais lugares que visitamos, Alcântara é bem povoado e via-se centenas de pessoas se locomovendo pelas ruas usando diversos formatos de veículos. O mais comum eram as rodas eletrônicas, há muito existentes nas cidades norte-americanas. Outra novidade foram os núcleos residenciais, divididos em bairros com pequenos edifícios e outros com casas geminadas, bem ao estilo dos antigos condomínios dos subúrbios, e a perder de vista. Não era para menos, a população do Hemisfério Norte, mais protegida das catástrofes naturais e das guerras, conseguiu manter um alto índice de sobreviventes, emigrados em massa para a América do Sul. Nos arredores de Alcântara havia principalmente os centros universitários, os mesmos que alimentavam o mundo empresarial dos EUA e do Canadá. Era como se a Flórida toda tivesse sido transferida para o Maranhão. Nos disseram que essa presença era semelhante nos nossos antigos estados do Norte e também nos países vizinhos, os quais não tínhamos tido autorização para sobrevoar.

Vendo toda aquela movimentação humana e também

aquela imensa estrutura urbana e industrial norte-americana e canadense, nós nos perguntávamos: por que tantos investimentos e tantas instalações de alta tecnologia? Onde seriam aplicados todos esses conhecimentos?

Obviamente, havíamos esquecido por alguns momentos que a resposta era a Lua, a base mais segura para dar o tão sonhado salto para outros planetas do nosso e de outros sistemas solares. A primeira cena que nos impressionou, pela reação comum a todos, foi uma mega estação de ônibus espaciais, dezenas deles, emparelhados, como se fossem aviões comuns nos antigos aeroportos. Depois de algumas voltas de reconhecimento, sempre causando-nos surpresas e muita admiração, chegamos a uma área verde muito extensa onde se via plantações agrícolas de todos os tipos e também de inúmeras espécies vegetais. Em meio às plantações levantavam-se gigantescas estufas, guardando as mesmas espécies vistas por fora, bem como imensos blocos arquitetônicos que serviam para inúmeras utilidades, que conheceríamos nos próximos dias.

Vendo o nosso espanto e mudez diante de tantas novidades, Julie se aproximou, quando já estávamos trafegando num veículo aberto, nas vias públicas, para nos explicar rapidamente que tudo o que víamos eram laboratórios de adaptação para as Cidades Lunares, que já estavam em franca construção no satélite da Terra. Os povos do Hemisfério Norte, que tinham sofrido os danos mais profundos das últimas transformações – e que também não possuíam muita intimidade com as revelações espíritas -, se voltam com todas as suas forças materiais e inteligentes para buscar alternativas de vida em outros planetas. Mesmo com a queda brusca dos índices demográficos nas últimas duas décadas, eles não confiam que a Terra vá se regenerar a caminho de uma vida sustentável. Apoiam todas as pesquisas e investimentos nessa possibilidade, porém agem como seus ancestrais, prevenindo-se sempre para os dias incertos.

Atualmente a economia desses países, ainda baseada nas trocas e serviços, aderiu a uma antiga ideia de transformar a exploração espacial em negócios lucrativos, hoje mais do que nunca supervalorizados. Além disso, muitos países, como o Brasil e o núcleo Esperança, avançaram muito nessa cultura científica da indústria e do consumo essencial e podem dar excelentes contribuições para a transposição da nossa civilização para outros orbes, compatíveis ou não com a nossa estrutura biológica.

Como vem sendo repetido, a Lua é o ambiente ideal para experimentar essas novas possibilidades. Acredita-se que nas três próximas décadas o tráfego entre a Terra e o seu satélite será tão normal quando é atualmente entre os nossos continentes, sem restrições políticas e barreiras sociais. Hoje vimos que é perfeitamente possível e viável, em proporções ainda experimentais. Mas nos dias vindouros será uma realidade quase sem limitações.

"Assim como o Sol que ainda nos ilumina e alimenta, a Lua também é muito útil para todos", concluiu a amiga engenheira.

Nos dias em que permanecemos em Alcântara observamos que ali se formou uma espécie de território internacional envolvendo todos os tipos de interesses relacionados à Lua e à cultura espacial, antes restrito ao clube das superpotências. As universidades próximas, assim como faziam os institutos do Burgo Esperança, dedicavam estudos e disciplinas especializadas ao tema, formando catedráticos, organizando eventos culturais diversos e desenvolvendo uma gama de atividades diplomáticas entre os povos. Era uma infinidade de pessoas francamente interessadas nesse assunto, que já havia ultrapassado a esfera da novidade e curiosidade para ingressar nas práticas efetivas. Morar e viver na Lua não era mais uma utopia. Era real. Para muitos – e isso nos interessou particularmente – também era uma possibilidade de conhecer melhor e otimizar a vida na Terra. Isso era mais do que real, era urgente.

Alguns dias depois ficamos sabendo que seres extraterrestres que frequentavam a Lua também marcavam presença visível, muitas vezes ostensiva, em algumas ocasiões, nos arredores da base e nas instalações espaciais de Alcântara e da Barreira do Inferno. Era também um sinal claro de que esse tema já estava deixando de ser tabu e sendo encarado como fato normal. Isso já acontecia há anos nas vizinhanças do Burgo Esperança, nas instalações da Saab-Boeing.

No Maranhão eles eram menos tímidos (ou mais ousados), sendo vistos até mesmo dentro das estufas observando e deixando à vista sugestões para adequação de projetos e equipamentos, para as quais gravavam instruções específicas, feitas em horários de nenhuma frequência nos laboratórios. O sistema de segurança já tinha como hábito e procedimento não causar nenhum tipo de barreira e constrangimento a essas visitas que ainda não podiam ser realizadas por contato direto. Ainda havia, nessas ações, riscos de perturbação e desequilíbrio da ordem pública. Mas as gravações eram divulgadas sem nenhuma restrição, intencionalmente, para criar aos poucos um clima de naturalidade, como já acontecia plenamente na Lua. Achamos interessante que a maioria das aparições tinha forma humana, com ligeiras diferenças anatômicas dos habitantes da Terra, porém eram todos compostos de matéria gasosa, em alguns casos quase invisíveis. Clóvis esclareceu que muitos desses seres, dependendo da origem e das circunstancias, usam médiuns para se comunicar, de forma semelhante aos Espíritos.

Sinceramente, eu e Nadja não conseguimos dormir normalmente nas primeiras noites, impressionados com tantas informações novas. As instruções de visitas e convívio continham sérias recomendações para que seguíssemos as instruções terapêuticas para tranquilizar a mente antes do sono. Em caso de descontrole, poderíamos receber atendimento psicológico e orientações a qualquer hora do dia e da noite.

Depois das visitas básicas fomos encaminhados para alojamentos próximos dos centros de pesquisa, das estufas e da cidade de vidro. Dali era possível conhecer quase tudo, andando ou usando transporte coletivo e as caronas solidárias, muito comuns.

Somente o subúrbio ficava distante, mas não era difícil chegar lá. Eram praticamente bairros-dormitórios, sem nenhuma atividade comercial ou de serviços. Andando pelas ruas víamos poucas pessoas e quase nenhuma criança. As escolas eram de período integral. Como os alojamentos eram rotativos e não podiam ser ocupados por período longos, tivemos que solicitar hospedagem aos núcleos residenciais, conforme ofereciam diversos anúncios. Não foi difícil. Muitas famílias, com ou sem filhos, gostavam de oferecer hospedagem, sobretudo quando havia recomendação dos centros de treinamento.

Em poucas horas já estávamos todos acomodados em casas próximas, acolhidos por famílias americanas, canadenses e hispânicas. Ali ficamos a maior parte dos dias de visita. Eu e Nadja ficamos em uma casa na qual os ocupantes praticamente só vinham para dormir, nos deixando bem à vontade. Eram funcionários de um hospital que possuía alojamentos e quase sempre descansavam por lá mesmo, pois estavam mais próximos dos serviços de lazer e diversão.

Éramos procurados por escolas e recebíamos convites para chás, onde se reuniam pessoas que tinham curiosidade para saber como era a vida nos Pindoramas. Eles tinham todas as informações técnicas sobre os nossos núcleos, incluindo o Burgo Esperança, mas queriam saber como as coisas realmente funcionavam no cotidiano.

Eram reuniões muito gostosas. Nossa sorte é que Nadja tinha fluência em inglês e sempre tinha um brasileiro ou hispânico que nos ajuda durante as conversas. As pessoas sabiam até dos krenák e os descendentes de judeus também sabiam que os kibutz haviam influenciado a concepção dos Pindoramas.

Porém o que mais fascinava os nossos anfitriões era a vida simples em contato com a natureza, um sonho que alimentavam desde quando viviam na América do Norte e que tiveram de adiar. Agora muitos pretendiam viver alguns anos na Lua e depois voltar à Terra para buscar uma vida mais tranquila e bucólica. Para eles os Pindoramas eram os lugares perfeitos para criar filhos e também para envelhecer.

Depois de duas semanas em Alcântara fomos avisados que iríamos conhecer a Barreira do Inferno, no Rio Grande do Norte. Alia acontecia um estágio mais avançado da colonização da Lua, local de onde partiam os grupos já treinados e adaptados. Em Alcântara os ônibus espaciais faziam voos de demonstração das viagens espaciais, dos quais chegamos a participar. Na Barreira aconteciam as viagens imigratórias, de fixação nas bases lunares. O tempo de permanência mínimo na Lua era de três anos, por questões de custos e também de adaptação. Numa segunda viagem, o tempo mínimo de permanência diminuía para dois anos e, numa terceira, para apenas um ano. O tempo máximo de permanência era de cinco anos. Caso quisessem retornar, os que atingiam o prazo máximo poderiam fazê-lo após seis meses na Terra.

Ali entendemos que esse empreendimento de colonização fazia parte de um consórcio entre várias nações que dominavam a tecnologia espacial. Várias empresas, como a Saab-Boeing, atuavam como suporte técnico, porém a gestão era mais restrita, por meio de um conselho formado basicamente por americanos, russos e franceses. Foi ali também que ficamos sabendo, alguns meses antes, que Julie e Pierre haviam recebido um convite para migrar para a Lua. Os dois iriam gerenciar um projeto de lançamentos de satélites e incursões humanas até Marte e Júpiter, devendo permanecer ali pelos próximos dez anos. Outra tarefa era implantar na Lua a concepção funcional dos Pindoramas, cuja ideia era atrair e estabelecer uma maior diversidade de experiências científicas e de culturas. Os Pindoramas já tinham a fama de ser um mini-Brasil, o que tornaria de permanência na Lua mais alegre e acolhedora. Pierre e Julie teriam o direito de formar um núcleo de até 60 pessoas, sendo um terço composto por crianças e adolescentes. Todos seriam integrados aos vários outros projetos envolvendo outros núcleos e outras culturas. Caso aceitassem a proposta, os adultos seriam selecionados entre alguns visitantes que vieram conosco e as crianças e adolescentes seriam órfãos que viviam no Burgo Esperança.

Víbia e Brão, juntamente com seus filhos Isaque e Ismael, estavam na lista de pretendidos, mas ainda não tinham sido consultados. Nadja já estava incluída na lista. Eu e o Conselheiro Clóvis, que viemos apenas na condição de observadores, também fomos avisados de que a nossa adesão ao grupo seria muito bem-vinda, a pedido de Julie e Pierre. E finalmente teríamos como companheiros dessa jornada maravilhosa os nossos queridos amigos Fernando e Doris. Clóvis tinha todas as condições para a tarefa, mas eu novamente fui escolhido por ser pai de Nadja e encarregado de fazer um relato completo dessa experiência no formato de um livro. E assim seria feito.

Queríamos saber agora qual fora o motivo da vinda de Francisco Emmanuel nessa excursão a Alcântara e à Barreira do Inferno.

Clóvis já sabia, porém guardou literalmente a informação como um verdadeiro segredo de Estado, como era da sua personalidade e futura responsabilidade diplomática.

Ao ser alçado como uma das principais lideranças do Grande Acordo de Sidnei, o nosso caro professor Francisco Emmanuel passou a ser visto naturalmente como o organizador das novas bases federativas do nosso país, já em franca articulação por meio do movimento dos Pindoramas.

Sempre foi dito pelos políticos de todas as correntes ideológicas e cores partidárias que a educação seria a melhor forma de construção de uma sociedade justa e feliz, mas tal afirmativa nunca ultrapassou os limites do discurso eleitoral. Chegando às esferas do poder, a educação era sempre sufocada pelos interesses mais fortes e imperativos, quase sempre adiando os projetos de desenvolvimento e transformação social. Nem as sucessivas leis e normas criadas e decretadas para fazer valer nossas constituições conseguiram evitar esse descaso e manipulações orçamentárias em prejuízo da educação.

Francisco Emmanuel fez o trajeto oposto, usando a educação para compor o projeto político de uma nova sociedade.

Os acontecimentos trágicos atingiram também o *stablish-*

*ment* político, desarticulando suas bases viciadoras, abrindo espaço para que novas forças se organizassem com novos propósitos. Os Pindoramas não foram apenas promessas de campanha e sim as realizações que anteciparam a gestão inovadora de um novo Brasil.

Nenhum de nós estranhou quando soubemos que Francisco Emmanuel se tornaria o primeiro presidente do nosso país após o Brasil ter sido territorialmente desmembrado para abrigar as nações irmãs que agonizavam pela falta de um chão e de um destino para seus filhos. Ele seria o presidente escolhido pelos brasileiros que sobreviveram ao período mais difícil da nossa história e talvez da humanidade.

Com ele o nosso país se tornou realmente um novo Brasil.

Mudou e rearticulou com diplomacia, humildade e coragem a nossa posição política e territorial no continente;

Redesenhou o nosso mapa político, cujo contorno continuou tendo o formato de um coração;

Definiu o Pindorama como a nossa verdadeira base federativa de unidade nacional e de produção;

Definiu a nossa identidade institucional cívica dando-nos o nome de República da Pátria do Cruzeiro;

E finalmente deu à nossa bandeira um novo lema: "Deus, Cristo e Caridade", sem que houvesse imposição ou resistência, sintetizando as nossas mais antigas raízes espiritualistas fraternas e humanitárias.

Francisco Emmanuel, que havia retornado ao seu núcleo após a viagem que fizemos juntos para Alcântara e Natal, só nos reencontrou quando, um ano depois, pisou no satélite da Terra, já como presidente, para a inauguração do primeiro Pindorama Lunar. Clóvis seria o seu embaixador e fiel escudeiro no território lunar. E nós os cidadãos do Brasil, do mundo e agora do Sistema Solar.

# Epílogo

Antes da nossa partida definitiva para a Lua fizemos, a convite das empresas encarregadas do transporte, uma viagem de reconhecimento e despedida da Terra. Havia entre nós turistas de várias procedências que vieram conhecer essa nova modalidade de voo espacial. Nosso destino era visitar as áreas continentais mais atingidas pelas mudanças climáticas e também pelas guerras de extermínio.

A intenção era clara: ao ingressarmos num programa que nos levaria para residir fora do nosso planeta deveríamos refletir sobre as causas que nos levaram a essa escolha ou talvez a única alternativa viável de preservação da nossa espécie.

Viajamos em vários ônibus aéreos, de prolongada autonomia de voo e cuja navegação permitia visualizar o planeta bem acima das esferas mais próximas da Terra. Essas mesmas naves nos levariam à Lua nos próximos dias.

Nossa primeira prospecção geográfica foi a velha Europa, que atingimos a partir do Estreito de Gibraltar, na entrada ocidental do Mediterrâneo. A temperatura externa marcava 56 graus abaixo de zero e, à medida que íamos em direção ao Norte, chegaria a 60 graus negativos. Tudo estava coberto de gelo e não havia nenhum sinal de vida.

A grande geleira que cobria o Polo Norte se estendera por todo o continente em volumes indescritíveis e jamais vistos. O mesmo acontecera com o norte da África e com o mar Mediterrâneo, que se transformaram numa extensa planície branca. Tantos as cidades altas como as de baixo relevo estavam escondidas sob o gelo.

Só reconhecemos Paris por causa da ponta da Torre Eifel, cuja base também estava sob a neve. Não estranhamos os Alpes, mas ali também não se via nenhum sinal de qualquer vegetação.

Londres estava irreconhecível, mesmo porque havia sido alvo de intensos bombardeios de forças inimigas.

Não fomos a todos os lugares onde poderíamos comparar como era antes e como ficou depois do cataclismo e das guerras, porém víamos numa grande tela as paisagens mais conhecidas e certamente teríamos tal curiosidade. De todas, a que chamou mais a atenção foram as Pirâmides de Gizé, afundadas e embranquecidas na imensidão do deserto, completamente coberto de gelo.

Até agora as mudanças que víamos haviam sido causadas pela força da natureza. Entretanto, ao ultrapassarmos o Leste europeu e atingirmos a Ásia, a paisagem ficou totalmente diferente, não só pela aparência congelada, mas também pela vasta área destruída pelas guerras.

Em muitos lugares o gelo tinha uma aparência cinzenta com alguns pontos mais escuros, indicando, segundo os guias que faziam a descrição do percurso, que ali eram crateras deixadas por explosões nucleares. Era a região do Oriente Médio, dos antigos conflitos entre árabes e israelenses e também das famosas regiões petrolíferas.

Outra região que nos causou espanto, por causa da destruição das cidades e da paisagem natural muito devastada – pois o gelo já não cobria todas as partes – era o Norte da Índia e o Paquistão.

Percorremos toda a Ásia, da Rússia ao Japão, e não conseguimos ver nada que lembrasse uma floresta verde ou um lago límpido. Era assustador, pois parecíamos estar em outro planeta. As imagens mostravam que o mesmo havia acontecido na América do Norte.

Nossa volta aconteceu pela Oceania, África central e do Sul, onde a temperatura era mais amena. Ali vimos muitas ocupações com intervenções militares dos EUA, França, Inglaterra e da Rússia, nos parecendo enormes campos para abrigar refugiados das regiões atingidas pelas guerras e graves mudanças climáticas.

Algumas áreas eram isoladas das demais e fortemente vigiadas pelas forças das nações coligadas que citamos. Eram campos de detenção de pessoas ligadas a grupos que controlavam o comércio de armas atômicas entre as pequenas nações beligerantes.

Em poucas horas já estávamos de volta, todos muito impressionados e até chocados com as coisas que vimos e outras que não tivemos tempo nem permissão para ver, tal a força devastadora empregada para impor crenças, opiniões e orgulho ferido entre povos.

Será que essa nova Era do Gelo iria durar muito tempo? O Hemisfério Norte voltaria a ser habitado?

Ninguém sabia ao certo quais seriam as dimensões dessa hecatombe e qual o alcance e duração dos seus efeitos no tempo e no espaço.

Não havia previsões otimistas sobre uma possível recuperação natural dessa vasta área do planeta nem algum estudo que indicasse a possibilidade de restauração das sociedades que ali tinham se desenvolvido na sucessão dos milênios.

Voltamos para casa assustados e pensativos sobre o nosso futuro como brasileiros, como sobreviventes e como espécie.

Triste e ao mesmo tempo muito preocupado, comigo e com Nadja, cliquei nas páginas do Evangelho, em busca de algo que diminuísse o sentimento de desolação e angústia, por tudo que vimos e ouvimos. Não foi nenhuma surpresa para o meu coração quando me deparei com o capítulo III:

"Há muitas moradas na casa de meu Pai".

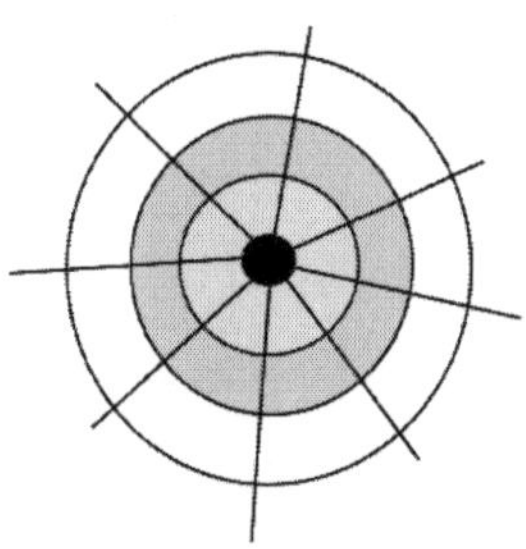

Nosso embarque para a Lua estava marcado na Barreira

do Inferno. Pretendemos ficar por lá nos próximos cinco anos, com direito a algumas visitas anuais à Terra, até que expire o termo de compromisso de permanência.

A operação de viagem não era comercial e estava sob responsabilidade de um consórcio de entidades governamentais de vários países. O nome Barreira do Inferno era apenas um apelido dado pelos pescadores ao ver o reflexo do sol nas falésias da região, dando uma coloração vermelha, mas ir até a Lua ainda era algo atraente e desafiador.

O problema não era a vigem em si, mas a nossa permanência por lá. Havia receio quanto aos acidentes de percurso e o medo de ficarmos à deriva no espaço. Isso, segundo os técnicos, era impossível, por causa da rápida velocidade para prestar socorro e resgate.

A distância de 384 mil quilômetros foi sendo gradualmente vencida por naves cada vez mais rápidas desde que pisamos na Lua pela primeira vez em 1969. Naquela época a viagem demorava cerca de quatro dias. Hoje não demoramos mais do que três horas, quase o mesmo tempo que levamos para fazer um *tour* pelo planeta. O mesmo ocorreu com as distâncias entre a Lua e Marte, a bem próxima meta dos pesquisadores espaciais.

Embarcamos felizes, cheios de expectativas e esperanças.

Fomos, eu e Nadja, em busca de estudos e novos conhecimentos. Sabemos que a Lua e Marte não serão nossos lares e logo, pelo menos eu, estarei de volta à Serra da Araras.

Nosso lote original foi transferido para outros usuários, mas certamente vamos conseguir outro, um pouco mais distante do Arraial, porém sempre perto dos amigos da primeira hora.

Cidade Lunar Buzz Aldrin, 23 de agosto de 2040.

2036 - JORNADA APÓS A DATA LIMITE
foi confeccionado em impressão digital, em agosto de 2023
Conhecimento Editorial Ltda
(19) 3451-5440 — conhecimento@edconhecimento.com.br
Impresso em Luxcream 80g, StoraEnso